U0080826

大拓

不要惹我生氣

8個冷靜情緒的控制法

Don't mess with me

發揮我們的主動性。

掌控情緒，做情緒的主人，

不做情緒的奴隸！

不再做一個情緒失控者！

正面思考：52

不要惹我生氣：8個冷靜情緒的控制法

編著　陳曉雲
出版者　大拓文化事業有限公司
執行編輯　林美娟
美術編輯　林子凌

總經銷　永續圖書有限公司
劃撥帳號　18669219
地址　22103 新北市汐止區大同路三段一九四號九樓之一
TEL　（〇二）八六四七—三六六三
FAX　（〇二）八六四七—三六六〇
E-mail　yungjiuh@ms45.hinet.net
網址　www.foreverbooks.com.tw

CVS代理　美璟文化有限公司
TEL　（〇二）二七二三—九九六八
FAX　（〇二）二七二三—九六六八

法律顧問　方圓法律事務所　涂成樞律師

出版日◇二〇一五年四月

國家圖書館出版品預行編目資料

不要惹我生氣：8個冷靜情緒的控制法/陳曉雲 編著.
-- 初版. -- 新北市 : 大拓文化, 民104.04
面 ; 公分. -- (正面思考 ; 52)
ISBN 978-986-411-003-2(平裝)
1.情緒管理 2.生活指導
176.52　　104002623

前言

叔本華說：「一個悲觀的人，把所有的快樂都看成不快樂，好比美酒倒入充滿膽汁的口中也會變苦一樣。生命的幸福與困厄，不在於降臨的事情本身是苦是樂，而要看我們如何面對這些事。」

人們生活在這個世界上，就要面臨各式各樣的情緒，有健康的也有不健康的。自古以來，人們都在跟自己的情緒作抗爭。人們都希望能夠透過自己的努力掌控自己的情緒。但是情緒說來就來，任何原因都可能引起一種情緒的產生。在這種情況下，我們需要做的就是能夠瞭解自己的情緒，好的情緒我們要繼續發揚，不良的情緒要儘量的克服，並且找出情緒產生的原因，然後找到合適的方法。發揮我們的主動性。掌控情緒，做情緒的主人，不做情緒的奴隸！不再做一個情緒失控者！

每個人也都有恐懼的心理。但是一旦恐懼心理佔據上風，就會影響人們的正常生活，引發鬱悶、憂愁和失眠等症狀。

這是到處充滿陷阱的社會，金錢的誘惑，美色的誘惑，名利的誘惑，地位的誘惑，情感的誘惑……正是這些慾望令人們迷茫，也正是這些慾望的驅使，令人們拋棄了自己的靈魂，拋開一切道德，只爲滿足私慾，而另一些人則成了這些人滿足自己私慾的犧牲品。

法國作家巴爾扎克說：「世界上的事情永遠不是絕對的，結果完全因人而異。苦難對於天才是一塊墊腳石……它對能幹的人是一筆財富，對弱者是一個萬丈深淵。」羅曼‧羅蘭則說：「痛苦這把犁刀一方面割破了你的心，一方面掘出了生命新的水源。」

由此可見，選擇怎樣的生活取決於人們有顆怎樣的心。一個樂天達觀的人，會活得很輕鬆、很瀟灑；一個患得患失的人，會被無盡的煩惱困擾著，活得痛苦、艱難。

卑怯者歎息沉吟，而勇敢者卻面向光明抬起純潔的眼睛。人性中有很多弱點，有自卑和恐懼的心理，每個人的內心都渴望得到別人的關心，會嫉妒周圍比自己優秀的人才，還畏懼批評……這些都是人們的心理。只要人們懂得設法去克服自身悲觀的心理，就能成功。

不論你有什麼背景、是男性還是女性、年齡多大，這些充滿力量、充滿智慧的故事，在生活中一定會給你啓迪，使你勇敢地克服自己悲觀的心理，發揮自己的優點，勇敢地去把握自己的人生，擁有美好、快樂、成功的人生。

Chapter. 1
為什麼會情緒失控

Chapter. 2
覺得自己活得快樂

Chapter. 3
微笑面對別人的傷害

Chapter. 4
面對生活壓力

Chapter. 6

擺脫 恐懼的糾纏

Chapter. 5

嫉妒是 性格上的致命傷

Chapter. 8

不做 情緒的奴隸

Chapter. 7

不要再 悲傷了

Chapter.1

Don't mess with me

為什麼會情緒失控？

好的情緒能讓人們感覺到生活的美好，從而更加熱愛自己的生活；相反，壞情緒會使我們以憂鬱的目光看待每一件事情，會使我們對周圍的事物很失望。

將壞情緒趕走

及時清理心裡的垃圾，其實和清理大腦的道理差不多。

我們由於考試不理想的時候，在受到老師和家長責備的時候，在與同學吵架的時候，我們都會不高興。人的一生當中難免會遇到各式各樣的困難和問題，如壓力過大、人際關係緊張、考試成績不理想、家庭不和睦、婚姻受挫、經濟問題、失去親人等，都會產生不良情緒，如焦慮、憂鬱、緊張、恐懼、憤怒、妒嫉等壞情緒。

壞情緒會使我們的心情變得十分糟糕，會使我們看待任何事情都十分沮喪。如果這種情緒長期困擾我們，就會對我們的身心帶來極大的危害，還可能威脅我們的健康。長期情緒惡劣，如果不能及時調節，會妨礙自己正常的心理功能，注意力不集中，記憶減退等。如果進一步發展，嚴重的憂鬱情緒得不到有效的紓解，還會釀成自殺的悲劇。對已患了某種疾病的人，會進一步加劇生理功能紊亂，降低對疾病的抵抗力，加速疾病的進一步惡化。持續性壞情緒會使某些人尋求一些錯誤的應對方式，如大量長期酗酒，久而久之造成酒精依賴或酒中毒，導致人格改變，智力下降；還有人爲了擺脫煩惱，長期自行應用一些鎮靜藥物或毒麻物品，產生心理依賴。

壞情緒不僅會影響我們自身的健康，這種壞情緒還會給我們周圍的人帶來危害。這種壞情緒的污染，給人造成的身心損害，絕不次於病毒和細菌引起的疾病危害。現代人很容易也會攜帶上各式各樣的情緒病毒。常見的一種情緒病叫「浮躁」。人的個性完全淹沒在世俗的潮流之中，生活被日益濃烈的市場氣氛所籠罩，人格和行爲都趨於市場化，整天想的就是怎樣把自己推銷出去。

那麼應該怎麼才能控制和減少壞情緒的產生呢？

記得有這樣一件事情。一次，一位企業總經理參加一場重要的會議，在經香港繞俄羅斯的路上，輪船出了事故。瞭解到事故原因是俄羅斯船起火之後，他並沒有責怪負責此事的工作人員，沒有對他們大發雷霆，而是在最短時間裡作出情緒上的選擇，交待工作人員做好後續工作。試想，如果對他們大發雷霆，每個人的心情都會壞起來。在這樣緊張的氣氛下，再增加緊張氣氛，顯然是得不償失的。

由此可見，作爲一個成功的人，必須在很短的時間內做出正確的情緒選擇。對於壞情緒應及早消除。

情緒是人的內在感覺，是外來誘因影響到主體信念系統，透過主體判斷所表現出來的正面或負面的精神狀態。外來誘因因爲發生時間、地點及判斷主體的不同，表現出來的情緒與精神狀態也會大相逕庭。

日本人的排毒辦法是照哈哈鏡，看著自己扭曲變形的怪樣縱情大笑，以嘲笑自己出氣。還有人在門框上掛一隻皮球，用前額去撞球的方法排解壞情緒。他們用前額去撞，撞的力量越大，皮球反彈回來的力量就越大。讓人從作用力和反作用力相等的原理中受到啓發，以期達到平復情緒的目的。歐洲人喜歡「運動排毒」，法國人則發明了「精神排毒操」。他們一旦發現自己感染了情緒病毒，就去出一身臭汗，將鬱結於胸的情緒病毒隨著汗水排出體外。美國人倘若發現了自己情緒帶毒，就去玩沙子，將手指腳趾都深深地插進沙子裡撩撥，他們認爲沙子細軟柔滑，可散可聚，無孔不入，能過濾人的情緒病毒。中國人喜歡用旅遊、大醉、罵足球等方式來排解壞情緒。

研究人員發現，啼哭也有助於排解壞情緒。長期以來，根深蒂固的觀念都一直教導我們，哭泣是軟弱的表現，尤其對男人更是如此。這樣的枷鎖，讓我們壓抑了哭泣的本能。當我們任憑痛苦和悲傷啃噬身體的同時，也拒絕了一種健康的宣洩模式。其實，眼淚，是情緒的宣洩，是壓力的抒解。誰說哭泣只是軟弱的表現，研究證明，想哭而強忍著不哭，容易導致憂鬱症，並且危害生理健康。嬰兒用哭泣來促進肺的成長，女人也因爲比男人更擅哭泣而較男人長壽。哭泣是造物者賜予我們的天生本領，自有它的奧妙所在。

治療壞情緒的方法有三種方式，包括外力、內力和藥力，根據不同的需要而選擇。外力是一種釋放式的方式。透過唱歌、跳舞、運動、吼叫、諮詢專家、靜坐等方法對情緒進行轉換和釋放。內力是一種自我提升。借由情緒定位、情緒表達、自我情緒抒發，運用潛意識力量等方法減少壓力，調節情緒。藥力，是醫治方式。運用正確呼吸、催眠、保健等醫療手段舒緩情緒。

究竟應該怎樣排解我們心中的壞情緒呢？

一、要合理宣洩不良情緒

我們每個人都會遇到讓自己不高興的事情，這是很正常的。我們可以透過運動、寫日記、聽音樂、旅遊、找朋友聊天來加以宣洩，也可以在無人的地方大聲喊叫或大哭一場來解除自己的壓抑情緒。

二、要學會轉移注意力

當遇到困難挫折時，透過轉移注意力的方法來切斷不良情緒的發展，發揮自己的優勢和興趣愛好，把不良情緒轉移到現實行爲中去，以弱化壞情緒的提升，切記不要把心中的煩惱和怨氣發洩到他人身上，或採取一些不良的嗜好進行錯誤的應對。

三、尋找替代品

把不良情緒昇華到現實的學習、工作、生活中去，學會用做事情的方式來排解憂愁。在情緒不佳時，應該理智地面對人生，冷靜地對待每一件事情，把著眼點放在自己的事上，全心投入到學習工作之中，以增加自信和動力，淡化壞情緒。

四、學會放聲大笑

「笑一笑十年少，愁一愁白了頭」，幽默可以解除心病，對壞心情起到調節作用，並可控制不良情緒的發生。大家切記「快樂的情緒，健康的行爲」是人類身心健康的基石。

我們每天或多或少都會遇上開心、不開心的事情，當一天結束的時候，我們要把那些不開心的情緒過濾掉，保留開心的因素，才能夠更加有精力有信心去面對新的一天。假如讓壞情緒一直累積，不及時調整和清掃，就會使我們生活在煩惱之中，這樣只會使這種情緒越來越影響我們的生活，使我們的心情越來越糟糕。

走出自卑的負擔

把缺點、失敗看成是一件平常事，看作是完善自己的動力，而不是負擔。

我們會經常遇到這樣的同學，他們爲自己的長相、身材、家庭、學習自卑所苦惱。他們覺得自己總是不如別人，越來越對自己沒有信心了，因而感到自卑。自卑，是因爲你對現狀不滿；自卑，是因爲遇到了失敗的事情。你心裡沒有陽光，所以看到周圍的事物都是陰暗的，外面再溫暖的世界你也感覺不到。

其實，我們每個人都有缺點，關鍵是看你如何面對。貝多芬說：「要扼住生命的咽喉。」林肯在填寫國會議員履歷表時，也不忘填「有缺點」，但他善於把握自己，把自卑化爲強大的動力，終於達到人生的巔峰。承認自己比別人差，但並不安於比別人差這個現實，要立志趕上別人，甚至在某些方面超過別人，你就大有希望。

黃美廉，自小就患上腦性麻痺症。病狀十分驚人，因肢體失去平衡，手足常常亂動，眼睛斜瞇著眼，仰著頭，張著嘴巴，口裡叨唸著模糊不清的詞語，模樣十分怪異。但黃美廉卻有堅強的毅力。她靠頑強的意志和毅力，考上了美國著名的加州大學，並獲得了藝術博士學位。她靠手中的畫筆，還有很好的聽力，來抒發自己的情感。

在一次演講會上，一個不懂世故的中學生竟然這樣提問：「黃博士，你從小就長成這個樣子，請問你怎麼看你自己？」在場的人都在責怪這個學生不敬，但黃美廉卻十分坦然地在黑板上寫下了這麼幾行字：「一、我好可愛；二、我的腿很長很美；三、爸爸媽媽那麼愛我；四、我會畫畫，我會寫稿；五、我有一隻可愛的貓；六……」最後，她以一句話作結：「我只看我所有的，不看我所沒有的！」

黃美廉以她自己的實踐，道出了走好人生路的真諦：人不可自卑，要接受和肯定自己。其實，我們每個人都有自己的優點，我們要想充分發揮我們自己的聰明才智，首先就必須肯定自己。

人或許因先天或者由於後天而造成了外表上的缺陷，這些都是我們自己無法選擇的。比如長相醜，讓自己醜就是了；比如地位低，家庭環境差，這你一時也無法改變，你可以羨慕別人，但不可過於看重它，變成包袱。有一些不如別人的地方，不必非去改變。因爲我們每一個人同周圍人相比，都會有不如別人的地方。沒有任何一個人處處比別人強。更何況有些「缺陷」是透過努力也改變不了的，那你就不用理會它。你應該做的是把精力放在經過努力可以趕上並超過別人的方面，透過自己的努力奮鬥以取得某一方面的成就來補償自身的缺陷。假如你的智力不如人，你可以付出比別人多的代價，透過努力迎頭趕上，以獲得一種特殊的優勢感來驅逐自卑的陰影。在改變對自己看法的同時，將注意力轉移到自己感興趣的活動中去。先尋找一件比較容易也很有把握完成的事情去做，一舉成功後便會有一分喜悅，做完後再同樣定下一個目標。這樣，逐漸地自信心就會越來越強。

中國有句成語「笨鳥先飛」就生動描繪了戰勝自卑、發憤圖強者的心態。我們要正確對待別人的評價，變壓力爲動力。要認識到人不可能十全十美，有長處，就必有短處；有優點，就必有缺點；有成功，就會有失敗。人的價值主要表現在透過自身的努力達到可能的最大限度，而不是追求完美無缺。

「天生我材必有用」。在當今紛亂的世界上，我們更應該接受和肯定自己。任何悲觀情緒都不利於走好人生的道路。人是永遠沒有滿足的時候的。比上不足，比下有餘。適當的比較，給自己定個奮鬥目標是可行的，但是卻不能因此而煩惱得自己成天睡不著覺。我們要擺正心態。接受自己，不逃避現實；肯定自己，盡力發揮自己的優勢，多看多想自己好的一面，就能增強信心、充滿活力。百萬富翁，不一定比街頭的乞丐過得開心。

我們要學會正確認識自己，重建自信，要改變只看自己短處，用自己的短處比別人的長處的思維方式。我們要反過來經常想想自己的長處和優勢，以自己的長處去比比別人的短處，從而逐漸改變自己對自己的看法。我們不要壓抑自己的真實情感，生活中會有許多令人陶醉、值得我們動心的事情，我們應當真實表露自己的情感。

竇文濤說過，「痛苦是什麼?痛苦就是想。」再痛苦的事情，你不去想，也就沒事了。轉移一下注意力，多關心一下周圍的事物，你會發現，今天的陽光是多麼溫暖燦爛。

當你遇到挫折，感到煩惱的時候，不妨向親朋好友訴說一下，有些話可能不想對自己的家人說，但可以告訴自己最親密的朋友。「朋友憂愁我哭泣，朋友快樂我歡暢。」若能有這樣的朋友，那你就是非常幸福的人了。

讓我們學會接受和肯定自我，你就能衝破自卑的束縛。走出自卑天高地闊，請你勇敢地大膽往前走吧！

那麼，應該怎麼擺脫自卑呢?

一、要突出自己，挑前面的位子坐

在各種類型的課堂上，後面的座位總是先被人坐滿。佔據後排座位的人，大都希望自

己不要「太顯眼」。他們怕人注目的原因是缺乏信心。坐在前面能建立信心。因爲敢爲人先，敢上人前，就必須有足夠的勇氣和膽量。這種行爲成了習慣，自卑也就在潛移默化中變成了自信。

二、睜大眼睛，正視別人

眼睛是心靈的窗口。一個人不敢正視別人，就意味著自卑、膽怯、恐懼。一個人躲避別人的眼神，就反射出他內心的陰暗和不坦蕩。正視別人就等於告訴對方：「我是誠實的，光明正大的；我非常尊重你，喜歡你。」因此，正視別人，是積極心態的反映，是自信的象徵。

三、昂首挺胸，快步行走

心理學家認爲，行走的姿勢、步伐與其心理狀態有一定關係。懶散的姿勢、緩慢的步伐是情緒低落的表現，是對自己、對工作以及對別人不愉快感受的反映。而輕快敏捷的步伐，會給人帶來明朗的心境，會使自卑逃遁，自信滋生。

四、要學會微笑

微笑能給人自信，它是醫治信心不足的良藥。真正的微笑不但能治癒自己的不良情緒，還能馬上化解別人的敵對情緒。正如一首詩所說：「微笑是疲倦者的休息，沮喪者的白天，悲傷者的陽光，大自然的最佳營養。」

其實，許多有所作爲的人，大多有這樣的心理：越是自己很難做成的事，越是忍不住要去嘗試；越是看到自己比別人差，越是要試圖超過別人。這就衝破了自卑的束縛。所以，一個人要想最終克服自卑心理，就必須在建立自信的同時，正確認識到自己的不足，透過多學、多做來充實自己，豐富經驗。

不要被挫折束縛

今天跌倒了，並不意味著明天也會跌倒；今天失敗了，明天的成功可能正在向你招手；昨天的挫折，其實是邁向成功的階梯。巴爾扎克說：「苦難對於一個天才是一塊墊腳石，對於能幹的人是一筆財富，而對於庸人卻是一個萬丈深淵。」

大家一定還記得詩人徐志摩《再別康橋》中的動人詩句吧。「悄悄的我走了，正如我悄悄的來；我揮一揮衣袖，不帶走一片雲彩。」生活中的快樂和痛苦也是如此。擁有酸、甜、苦、辣、鹹的五味人生才是真正的豐富人生。當我們高興的時候，我們不要認爲這就將會成爲永恆的狀態。我們要高高興興地去活在那個片刻，同時要很清楚地知道，這種高興的心態終將會走。我們要正確認識到，當它們來臨的時候，我們要覺得感激；當它們離開的時候，我們要感謝它曾經存在過。

我們內心有熊熊火焰般燃燒的希望，這使得我們不甘心被眼前的困難所吞噬，不甘心讓暫時的挫折束縛了前行的腳步。面對佈滿荊棘的人生，面對人生的挫折與失敗，應該毫不畏懼，知難而上，因爲挫折也是人生中一道亮麗的風景線。我們要將挫折看成自然的事情，而坦然地接受它們。不要因爲任何一個片刻特別痛苦而將它推開。「千條江河歸大海」啓迪我們要有勇往直前的勇氣和堅定執著的精神，攀登挫折之路去實現自己的目標。

翻開歷史的畫卷，古今中外有哪個偉人不是飽經風霜的？

司馬遷，身受酷刑，但他毫無畏懼，用大半人生的時間寫出了《史記》，被譽爲「史家之絕唱」；華羅庚，家境貧寒，用廢紙在牆角計算研究，成爲了舉世聞名的大數學家；比爾・蓋茲，富有天賦，自主研製，越過無數澎湃的風浪，走上了微軟之路；貝多芬，兩耳俱聾，卻沒有喪失信心，譜寫出氣勢磅礴的《命運交響曲》。

前人用自己的經歷啓迪我們：要克服風浪的束縛，追求成功要鍥而不捨；告訴我們越是在困難的時候，越是要增強自信心，永不退縮。

人生是一條佈滿荊棘的崎嶇之路。人有悲歡離合，月有陰晴圓缺。即使如此，我們的人生也沒有被打垮。正是這些人生當中喜悅的片刻和悲傷的片刻，才編織了人生的風采。王海坡歷盡磨難，才終於成就了自己的事業。

王海坡就是一個很好的例子。在一九九四年九月間，王海坡經歷了有生以來最艱難的日子。身爲漂泊在外的遊子，本來就有一種沒家的感覺，居無定所常使王海坡身臨危境。這本來已經是很苦惱的事了，但偏偏在那段日子裡，王海坡又斷了經濟來源，吃住都遇到了空前的困難。他連最便宜的套房都租不起，更窘迫的是吃了上頓，還不知道下一頓飯該如何解決。當時，王海坡真的就差晚上睡在火車站，白天當乞丐了。

那種無助和絕望讓人難以忍受。後來王海坡一個幾年沒有聯繫的同學居然輾轉在一間破屋找到了他。他朋友對王海坡講：有一次他與朋友們合夥到南方做生意，結果數百萬元全虧了，那可是他的全部家當。面對如此慘敗，他覺得無顏回來面對家人，便用繩子綁了一塊石頭，準備跳海自殺。

當他這位朋友真的面對死神時，突然產生一種生的慾望。他不甘心就此死去。於是，他打消了自殺的念頭，回來後從零開始。在汲取失敗的教訓後，進行了不懈的努力，最後終於成功了。於是，王海坡的心也被他朋友那段生死經歷點亮了。在上海的一家運輸公司找到了工作，後來王海坡又換了幾份工作。現在已經擁有了自己的廣告公司。

對待挫折的積極態度應該是：增強信心，加倍努力。只要永不放棄，永遠拚搏，早晚會奪得成功的桂冠。對挫折的理智反應是在遭受挫折後，能夠審時度勢，採取積極進取的心態對待挫折。它是砥礪意志的鑽石、事業成功的先導。有的人在厄運和不幸面前，能夠不屈服、不後退、不動搖，頑強地同命運抗爭，在重重困難中衝開一條通向勝利的道路，成了征服困難的英雄。而有的人則畏懼這畏懼那，最終一事無成，成了庸人和懦夫。歸根結底，都是因爲他們在困難面前的態度不同。有人能屈能伸，寵辱不驚，而有的人卻驚惶失措，一敗塗地。

有位船東將巨額資金投資在一趟利潤豐厚的生蚌運送上，希望能夠借此挽救衰敗的事業。不料，因爲時間的耽誤，生蚌全部都腐爛了。他無法承受失敗的打擊，且無力償還積欠的債務，絕望之餘決定一死了之。臨死前，他想到不如到那一船腐爛的蚌殼中找找，或許會有奇蹟。結果，天無絕人之路。在他敲開數以萬計的臭蚌後，果然找到了一顆明珠，賣了高價，償還了所有的損失。

從上面的故事可以看出，挫折是一把雙刃劍，它能使懦者屈服，也能使真正的強者愈挫愈奮，在逆境中奮起，最終將它踩在腳下。不要抱怨生活給予了太多的磨難，也不必抱怨生命中有太多的曲折。把每一次失敗歸結爲一次嘗試，把每一次的成功想像爲一種幸運。這樣，你就能微笑著彈奏生活的樂章，去面對挫折，戰勝憂傷。當我們在通向目標的道路上遇到困難時，只要我們透過分析，發現我們的目標是可以實現的，那麼，我們就不要灰心喪氣，而要百折不撓，鼓足勇氣，加倍努力。克服重重困難，直至最終達到目標。

有的時候，你在絕望中只要等待幾分鐘，也許就會找到希望。足球比賽進行了八十九分鐘仍是零比零，可是就在終場哨音響起的那一瞬間，一方進了致勝的一球。我們失敗或者絕望，往往都是因爲沒有堅持到底。只等幾秒鐘，也許就造就我們不同的命運。

發明大王愛迪生試驗乾電池經歷了數百次的失敗，當有人問他失敗時的心情時，愛迪生回答：「我沒有失敗，我只是嘗試了幾百種不成功的方法。」如果我們在挫折面前也能有這種樂觀積極的態度，難道成功離我們還會遠嗎？

我們每個人都不願意遇到挫折，可是人人都免不了要經歷挫折。

我們應該怎樣面對挫折呢？

一、我們要有忍受挫折打擊的能力

我們只要有了忍受挫折打擊的能力，才能保持自身人格的完整和心理的平衡。這是一個衡量人們有無良好適應能力，以及人們心理是否健康的標誌之一。既然挫折是現實生活中的正常現象，因而，不如面對現實，承認失敗，在可能的範圍內解決問題。

二、要認識到挫折的積極面

我們要認識到挫折的積極面，想到一個人經歷一些挫折也是有好處的。只有遇到挫折，才會激起我們奮鬥的決心，才能使我們更加努力奮鬥。

三、要勤於鍛鍊，增強抵抗挫折的決心

從心理學的角度研究，人們對挫折的耐受性，受到多方面的影響。一個體格健壯的人，就比體弱多病、神經脆弱的人更能經受得起打擊和挫折。

四、要多參加活動，多磨煉自己

個人生活經歷和所受的教育，在對挫折的耐受性上也會產生重要的作用。生活中歷盡艱辛、飽經風霜的人，比一帆風順的人更能經受挫折的打擊。經過磨煉可以提高自己克服逆境、戰勝困難的能力，從而容易擺脫困境。

控制憤怒的情緒

▶▶▶憤怒本身不過是你情緒上冰山的一角，它並不是獨立存在，而是被其他的情緒所引發的。如害怕、怨恨或不安等等。所以既然憤怒不可避免，我們要做的不是壓抑憤怒，而是找到引發自己憤怒情緒的來源，在憤怒之前消除這些情緒，從而去掉憤怒帶來的消極影響。

我們會因為上課時間快到了，而公車卻因交通堵塞停滯不前煩躁不安；複習功課時電腦突然出現故障導致所有的資料全部不見時，我們也會鬱悶不已。生活在這樣一個錯綜複雜、充滿矛盾的社會裡，我們誰不曾遇到過令人生氣甚至憤怒的事情呢?學習中的挫折、生活中的困難、和父母的磨擦、鄰里之間的糾紛、考試不及格、同學之間吵架等等，都可能使我們生氣、憤怒，甚至暴跳如雷。

從心理學角度來看，憤怒是一種情緒，不同的人會有不同的表現方式。個人情緒波動根據腦內荷爾蒙分泌的升降而產生。在對某件事情十分敏感或是恐懼的情況下，憤怒就非常容易發生。有些人很容易生氣，遇到不順心的事情就一觸即發；也有的人此處受氣，別處發洩；還有的人自己錯了卻怒氣沖沖地對他人發火。

心理專家認爲，憤怒情緒大多是由於溝通不良而造成的。同學之間、同事之間、夫妻之間應該盡量多創造機會，心平氣和地表達自己的意見，同時也給對方表達意見的機會，這樣才能使雙方更加瞭解彼此。當我們自己要憤怒的時候，應盡量控制好我們自己，最好是暫時離開，讓自己冷靜冷靜，冷靜後再處理問題。否則憤怒的情緒會沖壞我們的頭腦，使我們失去理智。

現代社會人們的精神日益緊張，心理負荷也不斷增加，人們變得脆弱易怒。遇到不順心的事情和要操心的事情以及瑣碎的事情，就會在心裡漸漸沉積，成了揮之不去的壓力。在過度控制的家庭中成長的孩子，往往缺少情感的交流，指責、要求和批評充滿在孩子十幾年的生活中。父母因自己的情緒，而忽略了孩子的需要，日積月累，孩子會失去自我判斷的能力，內心世界會出現許多衝突。因此，這樣家庭出來的孩子往往缺少和別人交往的能力。孩子也會形成和父母相同的性格和脾氣，也容易發怒。

班傑明・富蘭克林曾經說過，「憤怒從來都不會沒有原因，但沒有一個是好原因。」

乍聽這句話，覺得真是一句妙言，也許可以裝裱起來裝飾牆壁並時時刻刻地提醒自己不再憤怒。但是，憤怒真的就沒有好的原因嗎？

專家說，偶爾的憤怒並不是件壞事。將憤怒的事情發洩出來，可以緩解緊張的氣氛和較大的壓力。人在生活中不可避免總會遇到一些憤怒的事，但是長期壓抑自己，不將憤怒爆發出來，將會對自己有很大的傷害，甚至身體，帶來高血壓和心臟病。那麼我們應該怎麼樣來避免憤怒的爆發呢？下面就是一個控制憤怒情緒的很好的例子。

凱莉有兩個女兒，大的十歲，小的五歲。當孩子們頑皮搗蛋的時候，她成功地運用技巧來控制住自己的情緒。一天下午，凱莉剛剛接完一個重要的電話，想走到樓下去看看孩子們。結果發現孩子們自己辦了個美容沙龍，而且居然正在用剪刀剪頭髮。凱莉強迫自己停下來，心中默數了十下，閉上眼睛放鬆了片刻。雖然凱莉出來的時候，仍然覺得很生氣，但她至少在帶孩子們去理髮店修剪頭髮的時候，沒有對著孩子們大聲吼叫。

有一位工作的女士就是透過自我控制來成功避免情緒失控的。

王芳茹是一位專案經理，她經常自己來調節自己的情緒。不過最近，王芳茹丈夫的壞脾氣總是讓她心煩意亂。她丈夫剛剛又摔了個碟子，嘴裡還在嘟嘟嚷嚷地詛天咒地。王芳茹也因此變得經常惱怒。一天晚上，丈夫抱怨工作之後，王芳茹立刻暴跳如雷：「該死的馬可，你就不能安靜一會兒嗎？」結果，王芳茹的憤怒導致了一場「家庭戰爭」。吵完架，王芳茹立刻意識到自己的做法有多愚蠢。她馬上平靜下來對丈夫說：「親愛的，你的壞情緒影響到我了。」丈夫也後悔自己的壞脾氣。最後他們決定，誰再罵一句就要被罰一百塊錢。於是，兩個人在相互約定和鼓勵下，很少再亂發脾氣了。

可見，憤怒情緒並不是很難避免或控制的，只要分清楚自己憤怒情緒的來源並加以控制，就能在憤怒到來之前消除它。

憤怒需要管理。因爲我們的生活並不總是盡如人意，總會有些讓人挫敗甚至想要爆發的瞬間。但每個人都不想讓自己的憤怒「爆炸」。學會控制你的憤怒吧！希爾先生用自己的親身經歷給我們樹立了一個很好的榜樣。

希爾先生是一家大型超級市場的老闆，他每天都會去視察他的商場。一個月前，希爾先生因爲突發心臟病而被送進醫院接受治療。由於泰德醫生與希爾先生交往時間很長，知道希爾是個易激動脾氣暴躁的男人，便勸告他說：「如果您還想每天起床後再看見自己的親人和您的商店的話，您就必須在您發脾氣前做深呼吸，再想出一個能解除生氣的辦法。如果您不這麼辦的話，我只能爲您開始物色一位好牧師了。因爲您的病只有您自己和上帝能幫助您了。」

當希爾先生出院後的第一天，他就一大早來到他的商場，他有好幾個星期沒看見他的商店和員工了。而他更希望看見商場裡有川流不息的人群。他走到一個地方看見有位女士想買鞋子，但是等了很久沒有人來招呼她，而他的店員們也不在工作崗位上。他發現他們並不是因爲忙碌而不能分身，而是簇擁在一起聊天。他的心跳開始加速，呼吸也不均勻。他想起了泰德醫生的話，他邁著很慢的步伐走到那位女士面前，蹲下身子爲她試穿她想要的鞋，然後交給服務員去包裝後便離開了那裡。當他做完這些後，他覺得自己也沒有什麼可值得生氣的了。他活了五十歲才第一次發現，原來解決問題的辦法不是要生氣才找到。

上面的故事告訴我們：要想遇事不怒，就要從平時培養良好的性格、保持樂觀向上的精神。克制衝動，培養冷靜處理問題的習慣，是保持心理平衡的重要條件。

此外，要想避免發怒，我們還要有寬廣的胸懷。對待朋友之間的摩擦，要學會冷靜地處理，堅持把事情由大化小，由小化無的原則。只有這樣，我們朋友之間才能和睦相處，減少糾紛和矛盾。

小紅和小梅本是一對形影不離的好朋友。以前，她們幾乎每天都會聊上半個小時的電話，一有時間就一起去逛街、看電影、溜冰、跳舞。但是這一切自從小紅交了男朋友以後，似乎就變了。其實小梅也理解小紅生活的變化，即使小紅有時答應和她一起出去卻中途變卦，小梅也並不以爲然，畢竟自己已經不是她的生活重心了。可是，小紅一再不顧小梅的感受，三番五次毫無誠意地許諾給小梅各式各樣的約會，最後卻沒有一次守約，事後還怪罪小梅，說她不給一點私人空間。小梅當時非常憤怒，因爲那些承諾並不是小梅自己要求的，而是小紅自己主動提出的，那很可能是她在和男友吵架之後的一種宣洩，而一旦男友道歉，小紅又撇下小梅，歡歡喜喜地去和男友約會。小梅覺得自己被她利用了。她很想發火，但冷靜下來之後，她又覺得和小紅之間的友誼異常珍貴，發火只能導致裂痕。最後小梅開誠佈公地和小紅做了溝通交談，小紅向她道了歉，她們又和好如初了。

這個故事又告訴我們，只要懂得珍惜感情的重要性，也會使我們自覺地克制住怒氣。那麼，應該怎麼合理把握這些原則呢，做到遇事不怒呢？

一、要有寬廣的胸懷

要拓寬心理容量。心理容量越小的人，就越容易怒氣填胸。而心理容量較大的人，卻能經受較強的刺激而不容易動怒。

二、要培養遠大的生活目標

要改變那種遇事斤斤計較的做法，要更多地從大局、從長遠去考慮一切。只有確立了遠大的人生理想，才能待人以寬，有較大度量。

三、找到合理的途徑發洩心中的怒氣

如果你不肯拋棄留存心中的憤怒，那麼你應該以不造成任何重大損害的方式來發洩憤怒。以一種更爲健康的情感來取代使你產生憤怒的情緒。生活中要學會觀察周圍那些精神愉快的人，看看他們是如何使自己高興起來的。

四、學會幽默

幽默可以讓人覺得醇香撲鼻。幽默會使你和其他人都得到生活中最珍貴的禮物——笑。你會發現你周圍高興的人們最爲明顯的特點是善意的幽默感。讓別人開懷大笑，在笑聲中領略五彩繽紛的現實生活，是消除憤怒的最佳方法。

五、要建立情緒日誌

情緒日誌上要記錄下你今天發脾氣的時間、地點、原因和爆發的激烈程度。爲了便於記錄，你可以爲自己制定一個評分機制，從一到十代表發脾氣的不同程度。「一」表示有一點生氣，「十」則表示你已經暴跳如雷。另外還要記錄上你發脾氣持續的時間。持續的時間越長，你的生活受影響的程度越深。做日誌的關鍵在於，要你時時刻刻關注自己的行爲習慣，意識到自己應該對自己的言行負責。

六、要瞭解預警信號

當你手中累積了一些關於你自己情緒的資料，就值得好好研究一下。你可能會立刻發現其中的一些規律。比如，你是否在特定的時間或場合經常感到情緒不佳？你是否只對自己的家人大吼大叫？你是否總是在上班的時候容易發怒？充分瞭解這些訊息可以幫助你馴服自己的火爆脾氣。此外，人在發怒的時候，還會出現血壓上升、心跳加速、呼吸變得輕淺急促等症狀。當你發怒的時候，注意一下你自己的身體出現過哪些反應。

七、學會給情緒喊「暫停」

你可以利用一些線索，盡量在你脾氣爆發之前，給自己一些冷靜的時間。當你感覺自己快要忍不住對丈夫或孩子大喊大叫的時候，應該強迫自己停下來心中默數十下，或者閉上眼睛放鬆片刻。如果你呆在辦公室，就更該行事謹慎。你可以深呼吸幾次，如果需要的話，可以裝作自己在打哈欠。一旦那種亢奮的情緒被打斷，人就會清醒多了。

八、建立結果評估機制

我們要試圖評價自己到底原本希望透過吼叫達到什麼效果呢？你希望孩子把玩具收好？希望讓鄰居明白，下次來你家之前至少應該打個電話表示尊重？這種冷靜、以任務為中心的思考，有助於一個人得到自己最想要的結果，不會被一時衝動所迷惑。只要我們明白自己要得到的東西，就不會那麼大發雷霆了。

跨過憂慮的石牆

生活在這個世界上，肯定會遇到千奇百怪的事情，但是對於同樣的事情，不同的人有不同的處理方式。

心態好的人遇到問題自己就可以調整好心態，雖然事情令他很難過，但是他會隨時間而慢慢淡忘；而有的人則不能放開胸懷，克服憂慮。憂慮成爲你成長的絆腳石。要想擺脫憂慮，我們就要首先擺脫憂慮的心理。

威廉・孟恩太太，透過思考怎樣才能讓別人高興，治好了她的憂鬱症。五年前，威廉・孟恩太太正沉溺於一種悲傷而自憐的情緒中。孟恩太太在丈夫去世後，心情就一直鬱悶。當聖誕節快來臨的時候，她的傷感愈發沉重起來。以前的聖誕節都是和丈夫一起度過的，她真怕這次聖誕節的來臨。

很多朋友請她和他們一起過聖誕，可是她一點也不覺得高興。威廉・孟恩太太覺得不管在哪一個宴會上她都是一個讓人討厭的人，所以她拒絕了許多很仁慈的邀請。快到聖誕夜的時候，她就愈覺得自己可憐。

聖誕節的前一天，她下午三點就離開了辦公室，開始無聊地在第五街上走著，希望可以治好自己的自憐和憂鬱。大街上擠滿了開心的人群，這些景象使她回憶起那些已經流走的歡樂歲月。一想到要回到那個又孤單又空虛的公寓，她就受不了。她感到非常迷惑，不知道該怎麼辦，忍不住地流下眼淚。

漫無目的地走了大約一個鐘頭之後，她發現自己站在公共汽車站前。這又使她想起以前常常和丈夫隨意搭上一部公共汽車，只是爲了好玩。於是，她就走上靠站的第一部公共汽車。當車子過了赫德遜河，又走了一陣之後，她聽到司機說：「終站了，太太。」威廉・孟恩太太下了車，不知道這個小鎮叫什麼名字。這是一個很安靜的小地方，她走到住宅區的一條街上，走過一座教堂，聽見裡面傳來「平安夜」的美麗曲調。

她走了進去，教堂裡空空的，只有那個彈風琴的人。她偷偷地坐在一張椅子上，裝飾得非常漂亮的聖誕樹上的燈光，使整棵樹看起來像很多的星星在月光下舞蹈，悠揚的樂聲——再加上從早上起就一直沒有吃東西，使她覺得頭腦發昏，結果昏然地睡了過去。

醒來的時候，她不知道自己身在何處。看見站在面前的兩個小孩子，顯然是進來看聖誕樹的，其中一個小女孩，正指著威廉・孟恩太太說：「不知道是不是聖誕老人把她帶來的。」當威廉・孟恩太太醒過來的時候，那兩個小孩子也嚇壞了。他們的衣服很寒酸，威廉・孟恩太太問他們的父母在哪裡？他倆說沒有媽媽，也沒有爸爸。原來是兩個小孤兒，而且比威廉・孟恩太太以前所見過的情況更差得很多。他們使威廉・孟恩太太對自己的憂傷和自憐感到慚愧起來。於是，威廉・孟恩太太帶他們去看了那棵聖誕樹，然後帶他們到一個小飲食店去，吃了一點點心，再爲他們買了一些禮物。威廉・孟恩太太的孤寂變魔術般地消失了。這兩個孤兒爲她帶來幾個月都不曾經驗過的真正快樂和忘我。

當威廉・孟恩太太和他們聊天的時候，才發現自己一直非常幸運：她感謝上帝，因爲她的童年時的聖誕節都充滿歡樂，充滿了父母對她的愛和照顧。而這兩個小孤兒帶給她的遠比威廉・孟恩太太帶給他們的多得多。

從此以後，威廉・孟恩太太擺脫了憂慮的心情。她從幫助別人中找到了快樂。她認爲，只有幫助別人並付出我們的愛，才能克服憂慮、悲傷以及自憐。

威廉・孟恩太太從幫助別人中找到了生活的樂趣，擺脫了憂鬱的心情。我們每個人都會有自己的煩惱，這是很正常的事情。如果煩惱堆積起來，而得不到釋放，就會使我們的心情越來越糟糕。如果我們遇到問題時，能主動與別人交流，我們就可以及時發洩出來，就會感到生活原來是這樣美好，自己原來也有存在的價值。

專家認爲，如果一個人能夠把他所有憂慮的時間都用在以一種很超然、很客觀的態度去尋找事實的話，那麼他的憂慮就會在知識的光芒下，消失得無影無蹤。

女明星瑪兒奧白朗告訴記者說她絕對不會焦慮，因爲焦慮會摧毀她在銀幕上的主要資本——美貌。其實，在瑪兒奧白朗剛開始打進影壇時，心裡也是既擔心又害怕。她擔心她剛從印度回來，在倫敦沒有一個熟人。初到倫敦後，瑪兒奧白朗見過幾個製片人，但沒有一個肯起用她。她僅有的一點錢也漸漸用光了，整整兩個星期，只靠一點餅乾和水充飢。瑪兒奧白朗對自己說：「也許你是個傻子，你永遠也不可能闖進電影界。你沒有經驗，也沒有演過戲。除了一張漂亮的臉蛋，你還有些什麼呢，」

想到這裡，瑪兒奧白朗照了照鏡子，突然發覺到焦慮對她容貌的影響，她看見焦慮造成的皺紋，看見焦慮的表情，她立刻對自己說：「你必須立即停止焦慮。你能奉獻的只有容貌，而焦慮會毀掉它的。」

女明星瑪兒奧白朗以她樂觀的性格消除了憂慮。她的故事告訴我們：如果是一個你不願接受的事實，那也不必憂慮，哪怕是當生命剩下最後一分鐘的時候，你也不要去抱怨，要面對現實，想想辦法怎麼把這一分鐘延長。憂慮只會增加你的煩惱，對於問題的解決絲毫沒有幫助。因此，我們要用輕鬆的心態去接受一切。

對待憂慮，洛克菲勒也有他自己的方法。在痛苦的日子裡，他漸漸發現了原來幫助別人的同時，自己也可以擺脫憂慮。

洛克菲勒早在二十三歲的時候就已經全心全意在追求他的目標了。除了生意上的好消息以外，沒有任何事情能令他展顏歡笑。當他做成一筆生意，賺到一大筆錢時，他會高興地把帽子摔到地上，痛痛快快地跳起舞來。但如果失敗了，那他會隨之病倒。

就在他的事業達到頂峰之時，財富像維蘇威火山的金黃色岩漿那般，源源不絕地流入保險庫中，他的私人世界卻崩潰了。許多書籍和文章公開譴責「標準石油公司」那種不擇手段致富的財閥行爲和鐵路公司之間的祕密回扣，無情地壓倒任何競爭者。

在賓夕法尼亞州，當地人們最痛恨的就是洛克菲勒。被他打敗的競爭者，將他的人像吊在樹上洩恨。充滿火藥味的信件如雪花般湧進他的辦公室，威脅要取他的性命。他僱用了許多保鏢，防止遭敵人殺害。他試圖忽視這些仇視怒潮，有一次曾以諷刺的口吻說：「你儘管踢我、罵我，但我還是按照我自己的方式行事。」

但他最後還是發現自己畢竟也是凡人，無法忍受人們對他的仇視，也受不了焦慮的侵蝕。他的身體開始不行了。疾病從內部向他發動攻擊，令他措手不及，疑惑不安。

起初，他試圖對自己偶爾的不適保持祕密。但是，失眠、消化不良、掉頭髮，全身煩惱和精神崩潰的肉體病症，卻是無法隱瞞的。最後，他的醫生把實情坦白地告訴了他：他只有兩種選擇，一是財富和煩惱，二是性命。他們警告他：必須在退休和死亡之間作一選擇。

他選擇了退休。但在退休之前，煩惱、貪婪、恐懼已徹底破壞了他的健康。後來，洛克菲勒考慮把數百萬的金錢捐出去。但是有時候，做一件好事也並不容易。當他向一座教堂奉獻時，全國各地的傳教士齊聲發出反對的怒吼：「腐敗的金錢！」當他獲知密西根湖岸的一家學院因爲抵押權而被迫關閉時，他立刻展開援助行動，捐出數百萬美元去援助那家學院，將它建設成爲目前舉世聞名的芝加哥大學。他也盡力幫助黑人。像塔斯基吉黑人大學，需要基金來完成黑人教育家華盛頓・卡文的志願，他也毫不遲疑地捐出巨款。最後，他又進一步地採取行動，成立了一個龐大的國際性基金會——洛克菲勒基金會，致力於消滅全世界各地的疾病、文盲及無知。

洛克菲勒在幫助他人的過程中，心理上得到了安慰。漸漸擺脫了焦慮。

可見，焦慮並不能對我們的生活有所幫助，反而使我們的生活更加痛苦。我們要擺脫焦慮的心理。

在壓力日益增大的現代社會，我們面臨這越來越大的壓力。這也增加了我們的憂慮。當我們憂慮的時候，我們不妨想想自己究竟是爲什麼憂慮，我們到底遇到了什麼問題，這個問題的最壞結果是什麼。當我們想清楚了這些的時候，我們就可能不再苦惱了。

歐嘉・佳薇也是一個典型的例子。她住在愛達荷州，在最悲慘的情況下發現自己還能夠克服焦慮。八年半前，醫生就告訴她，她將不久於人世，會很慢、很痛苦地死於癌症。國內最有名的醫生證實了這個診斷。歐嘉・佳薇走投無路，死亡已經撲向了她。歐嘉・佳薇當時還很年輕，她不想死。絕望之餘，歐嘉・佳薇給她的醫生打電話，哭述她的內心是多麼絕望。醫生有些不耐煩地攔住歐嘉・佳薇說：「歐嘉，你怎麼了？難道你一點鬥志也沒有了嗎？你要是一直這樣哭下去的話。毫無疑問，你一定會死的。不錯，你確實是碰上了最壞的情況。要面對現實，不要焦慮，然後再想點辦法」。就在那一剎那，歐嘉・佳薇發了一個誓，她已經爲自己做了最壞的打算。以後，她不再焦慮了，也不再哭泣了。她覺得自己一定要活下去！

從上面的例子可以看出，想要戰勝憂慮的方法，就是看清事實，在沒有以客觀態度搜集所有的事實之前，不要想著如何去解決問題。但是，如果，那事實不加以分辨和解釋，即使把全世界所有的事實都搜集起來，對我們也沒有任何幫助。格蘭・里區菲先生也用同樣的方法克服了憂慮的心理。

格蘭・里區菲是在遠東地區非常成功的一個美國商人。一九四二年，日軍侵入上海，里區菲先生正在中國。日軍轟炸珍珠港後不久就佔領了上海。他當時是上海亞洲人壽保險公司的經理。日軍派來一個所謂的軍方的清算員，命令格蘭・里區菲先生協助他清算亞洲人壽保險公司的財產。格蘭・里區菲先生一點辦法也沒有，要麼就和他們合作，要麼就是死路一條。

格蘭・里區菲先生開始遵命行事。但是有一筆大約七十五萬美元的保險費，格蘭・里區菲先生沒有填在那張要交出去的清單上，因爲這筆錢用於香港公司，跟上海公司的資產無關。但是他還是擔心萬一被日本人發現此事，他的處境會非常不利。

結果，日本人很快就發現了。

那天，格蘭・里區菲先生不在辦公室，只有他的會計主任在場。那個日本海軍上將大發脾氣，拍桌子罵人，說格蘭・里區菲先生是個強盜，是個叛徒，說他侮辱了日本皇軍。格蘭・里區菲先生當然知道這是什麼意思，他有可能會被抓進憲兵隊去。

憲兵隊，就是日本祕密警察的行刑室。據說進去的人寧願自殺也不願意被送到那個地方去。有些人在那裡被審訓了十天，受盡苦刑，慘死在那個地方。

當格蘭・里區菲先生聽到這個消息後，非常緊張。他坐在打字機前，打下了這樣兩個問題及其答案。兩個問題是：我擔心的是什麼？我應該怎麼辦？

過去格蘭・里區菲先生都不把答案寫下來，只在心裡琢磨。後來他發現如果能同時把問題和答案都寫下來，會使思路更加清晰。所以，格蘭・里屈菲先生取出打字機，打下：一、我擔心的是什麼？我怕明天早上會被關進憲兵隊裡。二、我該怎麼辦呢？對於這個問題，格蘭・里屈菲先生花了幾個小時，寫下了四種可能採取的行動以及後果。第一，我可以去向日本海軍上將解釋。可是他不懂英文，如果找個翻譯來跟他解釋，會使他更加惱火，我就只有死路一條了。第二，可以逃走。這點是不可能的，因爲他們一直在監視，如果打算逃走的話，很可能被他們抓住而槍斃掉。第三，留在房間裡不去上班。但是如果這樣做，那個海軍上將很可能會起疑心，也許會派兵來抓，到時會連說話的機會都沒有，就會被關進憲兵隊了。第四，星期一早上，照常上班。那個海軍上將可能正在忙著，忘掉了那件事。即使他還記得，也可能已經冷靜下來，不再找麻煩。

他前思後想，決定採取第四個辦法——像平常一樣星期一早上去上班，然後，鬆了口氣。

第二天早上格蘭・里屈菲先生走進辦公室時，那個日本海軍上將就坐在那兒，嘴裡叨根香煙，像平常一樣地看了他一眼，什麼話也沒說。六個星期後他被調回東京，格蘭・里屈菲先生的焦慮就此告終。

格蘭・里屈菲先生憑借自己的智慧，最後贏得了這場戰鬥的勝利。他同時還教給了我們一個辦法，如何擺脫焦慮的辦法，就是把你的焦慮和解決焦慮的辦法都寫出來，這樣會使你的思維更具有邏輯性，更有利於問題的解決。

總之，我們經常會爲一些事情煩惱，其實仔細想一想，這些都不是什麼大不了的事。但是，如果我們把所有的注意力都集中在這些小問題和憂慮上了，就會把問題過度放大了。如果我們能夠學會不爲瑣事煩惱，我們就可以獲得莫大回報，我們也就克服了憂慮的情緒。

消滅心中的空虛感

有時候我們是不是感到很無聊？一覺醒來，不知道要做些什麼？或者覺得做什麼都沒有意思。現在的生活真沒意思，跟想像的一點都不一樣。人們常說的「沒意思」，是心理不充實的表現。這就是所謂的空虛。

空虛沒有味道，沒有顏色，就像空氣一樣永遠存在，一經深呼吸就會充溢整個胸腔，使人的內心隱隱作痛。

生活中也經常會聽到一些人長吁短歎：雖然工作、學習都很緊張，但心裡依然覺得生活空虛無聊，內心十分寂寞。社會價值多元化導致人們無所適從時，就很容易產生這種空虛感。

在生活中，空虛往往會在不經意間侵襲人的心頭。有空虛感的人起床後覺得今天和明天都一樣，以後的每天也都一樣。空虛像飄在夜空中的最後一層濃霧，不能驅散，四處瀰漫。空虛雖不錐心刺骨，卻像菟絲花那樣慢慢地讓你越來越心神不定，無論外界怎樣刺激也對你無關痛癢。

對於一般青少年而言，他們的個性心理還處於初步形成的階段，心智還十分不成熟，對客觀事物缺乏較爲深入的瞭解和把握，缺乏較爲完善的道德、價值觀念和較爲準確的判斷能力。在這一階段，時常會陷入深深的心理困惑中。

小青在剛讀高中的時候，還沒有什麼憂愁，可是從高一下學期開始，無論何時何地總會感到一陣陣煩躁，煩躁的原因既有來自生活上的，也有來自學習上的。在學習上，小青一直是中上水平，可是後來不知怎麼搞的，大概是由於幾次考試失利的緣故，小青感到學習壓力特別大，成績也落後了，班導師找她談了幾次，也沒什麼變化，小青對什麼都無所謂了。想來想去，覺得生活沒意思，真的沒意思。同學們都在那裡學習，可是成績好了又有什麼用呢，究竟爲了什麼呢？成績再好也免不了生老病死。學校有時也辦一些活動，但內容幾乎和小學生一樣，各式各樣的獎勵只不過是些幼稚的活動，小青真的覺得很無聊。家裡，爸爸每天出入花鳥市場，炒股票，打麻將，對她的學習一點也不關心；媽媽除了做家事，只會每天盯著她，嘮嘮叨叨說個不停，一會兒說頭髮長了，一會兒又數落東西沒放整齊……事無鉅細，她都要嘮叨一番，小青都替她累。有時夜深，獨自坐在書桌前，望著一大堆功課，小青會想很多：活著真沒意思，就這樣一天天混下去也不知有什麼結果，真想離開這個灰暗的人生，有個新的開始……。

空虛就是這樣一種說不出來的情緒，感到空虛的人會處在一種百般無聊、閒散寂寞的消極心態中。空虛是無盡的黑暗，是糾纏的恐怖，是理也理不清，扯也扯不斷的網。所以爲了要逃離空虛，有的人一圈圈孤獨地散步，有人拖著滑鼠標在網路世界裡遊蕩，有的人抽菸喝酒，打架鬥毆，之後卻仍是一片茫然，無謂地消磨了大好時光，結果還是一樣的空虛。空虛帶給人的，只有百害而無一利。

從心理學角度來看，空虛是一種消極情緒。被空虛所乘機侵襲的人，無一例外地是那些對理想和前途失去信心，對生命的意義沒有正確認識的人。他們或者消極失望，以冷漠的態度對待生活，或者毫無朝氣，遇人遇事便搖頭。

小華是公司的一名普通職員。近來，常有一種說不出來的情緒，當他獨自一個人逛街時，會突然感到這種情緒莫名其妙地襲來，使他立刻對五光十色的街景失去了興致。有時，即使是跟一群人在一起，當大家天馬行空時，他也會感覺自己跟周圍的一切好像有層無法跨越的隔膜，並產生一種失落感。

可見，空虛不僅是一種個表現象，也是一種社會現象。一個社會失去了精神支柱，就會導致某些人無所適從。空虛感猶如黑洞一樣，具有超強的吸引力，一旦被捲進了黑洞，整個人也就被空虛感所束縛。

那我們在生活中應該怎樣擺脫空虛感呢？從下面的寓言中我們或許能夠感悟到真諦：

神孜孜不倦地在造人，一個一個地造出來，而又一個一個地被魔吃掉。終於有一天，魔忍不住了，暴怒地對神吼道：「你不要再造人了，再造人，我連你一起吃掉！」神的眼裡淌出了淚，說：「可是我總得有事做呀！否則我會很寂寞的。」魔沮喪地垂下了頭，低聲說：「我也是。」

因此，在日常生活中，要想擺脫空虛感，可以從以下幾方面著手：

一、調整需求目標

空虛心態是在兩種情況下出現的：一是胸無大志；二是目標不切實際，使自己因難以實現目標而失去動力。因此，要想擺脫空虛，就必須根據自己的實際情況，及時調整生活的目標，從而調動自己的潛力，充實自己生活的內容。

二、贏得別人的幫助

當一個人失意時，最需要有人能給他以力量和支持，予以同情和理解。只有獲得社會支持，才不會感到空虛和寂寞。

三、要博覽群書

讀書越多，知識就會越豐富，生活也就會越充實。讀書是填補空虛的良方。讀書能使人找到解決問題的鑰匙，使人從寂寞與空虛中解脫出來。

四、踏實地忘我地工作

當一個人把所有的精力都投入工作時，就會忘卻空虛帶來的痛苦與煩惱，並從工作中找到自身的社會價值，使人生充滿希望。

當某一種目標受到阻礙難以實現時，不妨進行目標轉移，使自己的心情平靜下來，從空虛狀態中解脫出來，迎接豐富多彩的新生活。多瀏覽網路訊息，關注生活中的新事、瑣事、雜七雜八的事，將自己每天的一點一滴的收穫和見聞都記錄下來。

別讓緊張阻攔你成功

有些人在參加團體活動時，也會產生緊張情緒，事先準備好的台詞，一股腦都被忘光了，大腦一片空白。這實際上是緊張情緒在臨場時極端強烈的反映。

這些緊張情緒主要是因為我們缺乏心理準備和實際的訓練。我們本來可能就對應該準備好的事情沒有信心，才會如此緊張。由於準備不足，臨時抱佛腳，挑燈夜戰，死記硬背公式規則，一旦遇到困難，就會心慌、怯場。其次，由於學習動機過強和目的性過於明確，使得腦子裡總是想著考試考得不好所帶來的種種後果，整個人沉浸在幻想中，要麼想到自己拿了第一名，光彩照人；要麼想到自己名落孫山，臉上無光。身心長期處於這樣緊張的焦慮中，人也變得煩躁不安，久而久之揹上了沉重的心理包袱。

當今世界是一個競爭激烈、生活節奏快、要求高效率的社會，這就不可避免地給人帶來許多緊張和壓力。緊張表現爲：前一天晚上在床上翻來覆去地睡不著覺；大腦突然出現空白；四肢發軟和哆嗦，甚至連筆也握不住；心跳加速，呼吸急促；全身冒出一陣陣虛汗，緊張得坐立不安等等。精神緊張一般分爲弱的、適度的和加強的三種情況。適度的精神緊張有益於人們的生活。因爲這是人們解決問題的必要條件。但是，過度的精神緊張，卻不利於問題的解決。人若長期、反覆地處於高度緊張的狀態，就會容易產生急躁、激動、惱怒的情緒，嚴重者會導致大腦神經功能紊亂，有損於身體健康。

小剛在初入職場之前，就曾經存在這樣的問題。小剛只要在重要會議發言時或者是與上層主管談話時，就會身心都感到緊張而且不自然，更別提是與客戶直接交談了。

最明顯的表現就是說話沒有連貫性，而且聲音聽上去像是在發抖，身體也很僵硬。那時候小剛心裡很著急，不知道該怎樣去克服這些現象。他心裡十分清楚，如果克服不了這些問題，這份工作也就沒有了再發展的可能性。但是小剛的性格同時也決定了他不允許在還沒有把工作做到讓別人認可時就放棄，所以他只有面對困難，而不是逃避。

最後他終於找到了一套適合自己的方法，就是把自己感到緊張的時刻和爲什麼緊張記下來，然後仔細分析產生的原因，最終他用這些方法徹底克服了緊張這種情緒。

有效消除緊張心理，可以從兩方面做起。一是要降低對自己的要求。如果一個人十分爭強好勝，事事都力求完善，事事都要爭先，自然就會經常感覺到壓力巨大，時間緊迫。但是如果能夠認清自己能力和精力的限制，放低對自己的要求，不過分地在乎一時的得失，自然就會使心境鬆弛一些。二是要學會調整節奏。

在心理學上認爲，緊張是每個人在面臨突發狀況時一種手忙腳亂、手足失措的慌張，是訊息傳達到大腦之後，神經系統對事件的形態作出的判斷。緊張和每個人的心理素質有很大的關係。有人性格外向、大方活潑、好動，遇事就往往不緊張；相反，有的人羞澀靦腆，平時少言寡語，可能他的緊張心理就更明顯一些。但是這也不是絕對的，會緊張的場合和環境也因人而異的。通常陌生、未知結果的事情會令大多數人感到緊張。

當一個人出現了緊張的情緒時，該怎麼調適呢？最通常的做法是，勸慰當事人：「別緊張！」「有什麼大不了的！」然而，十分不幸的是，這種辦法幾乎是行不通的，實際上這會使人感到更加不安，因爲會給當事人製造更大的緊張。這也是所謂的「情緒如潮，越堵越高。」

我們所要做的是如何使當事人放鬆下來，我們應該努力使當事人放鬆下來。調整呼吸就能使氣息安靜下來，說話時全身處於鬆弛狀態，靜靜地進行呼吸，在吐氣時稍微加一點力氣，這樣心裡就會很平穩。

當緊張的情緒出現時，我們應該如何有效地調適自己的心理呢？

一、坦然地面對和接受自己的緊張情緒

我們應該想到自己的緊張是正常的，很多人在這種情境下可能比你還要緊張。不要把緊張當成什麼不可克服的大事，搞得自己越來越緊張。不要試圖與這種不安的情緒對抗，而是接受它。你現在所能做的就是分析產生這種緊張情緒的原因，怎樣才能用最快的速度把這種情緒消滅掉。如果你做到了正視並接受這種緊張情緒，坦然從容地應對這種情緒，你就能夠有條不紊地做自己的該做的事情。

二、做一些放鬆身心的活動

這種活動具體做法很多，關鍵是挑選一個對你來說比較實際的方法。你可以選擇一個空氣清新、四周安靜、光線柔和、不容易受打擾的地方，取一個自我感覺比較舒適的姿勢，靜靜地坐下，慢慢地欣賞。或者平常做一些深呼吸的運動，慢慢吸氣然後慢慢呼出。每當呼出的時候在心中默念「放鬆」。

你還可以把注意力集中到一些日常物品上，看著一朵花、一點燭光或任何一件柔和美好的東西，細心觀察它的細微之處。另外，做一些與當前具體事項無關的、自己比較喜歡的運動。比如游泳、洗熱水澡、逛街購物、聽音樂、看電視等。

在日常生活中要注意調整好節奏，有勞有逸。工作學習時要思想集中，玩的時候也要高高興興的玩。每天保證充足的睡眠，適當安排一些娛樂、體育活動，做到有張有弛，勞逸結合。

趕走厭倦的情緒

是否對你的課業工作、你的關係或你的生活感到厭倦了呢？你會不會因為長期做一件事情而感到心煩呢？感到厭倦是當你感到膩味並厭煩正在發生的事情，或者是你周圍缺少活動時的一種極不舒服的精神狀態。

當厭倦導致拖延、優柔寡斷和身體感到無精打采和倦怠時，厭倦就應該開始引起我們極大的關注。

王剛是一名正在練拳的高中生。但是，在道館裡，他的腿總是踢不高，跨劈不下，而且反應遲鈍。王剛很怕疼，他還怕關節吃力的那種感覺，偷懶和退縮讓他感到恥辱。王剛自己已經爲這件事痛苦了一個星期了。一天偶然有機會與一名學長聊天。學長對王剛說，其實他剛剛開始練的時候也不比王剛強多少。剛從田徑隊轉過去的時候，一個朋友都沒有，感到很孤單。自己動作踢不出來，腿也打不高，每天還要像學走步一樣，不斷的練習步伐，使他感到很沒信心。後來強忍著練了兩個月。第一次和別人打實戰時，右手小指的關節受傷變形到現在還沒好。跟別人打了幾次實戰就是打不過。記得有次實戰因爲打不過別人，訓練完還在沒人的地方暗暗地流淚。但是從那時開始，他就每天告訴自己：「你要變強，現在退縮了只能承認自己的無能。」到現在他又堅持了四年。這位學長最後對王剛說：「我想告訴你的是，如果你真的想練，就一定要咬牙練下去。如果你想練，但又忍受不了，那就看看別人吧。沒有人可以不會走步就能跑的。剛剛開始誰都不會誰都不行。只有汗水才能換來真功夫，這是永遠不變的法則！練習的時候做做深呼吸，多出出汗，帶著自己的腦子去練，而不是帶著自己的傷痛和煩惱去學習！加油吧！」聽了學長這番話後，使王剛重新鼓起了勇氣。不經過一番寒徹骨，怎會有豐收的果實呢？

其實，最佳的避免厭倦的辦法，就是不要總是按照老一套的方法去做，而要經常變化方法來使你的生活有趣。另一個方法就是關注在你所做的每一件事上的進步。你需要注意的是你每天的思想和活動，把每天的活動都當作一種樂趣。

在遇到困難或者在事情不如意時，都會對它產生厭倦的心理，這是一個正常現象，但是我們要明白這種心理是暫時的，只要我們堅持不懈，就可以把這種心理打垮，贏得勝利。

在丁俊暉心灰意冷地說「我累了，不想打了」的時候，奧蘇利文卻用自己的實際表現給他做了個表率。

出道至今，奧蘇利文就被認爲是個英式撞球界百年難得一見的天才，但成名太早對個性很強的奧蘇利文來說並不見得是好事。二〇〇〇年，奧蘇利文就曾流露出退役的打算，原因就是因爲「我對撞球以及爲打球而打球生厭了」。這種心態和丁俊暉目前的心態非常相似，丁俊暉現在也是因爲有了壓力產生了厭倦的情緒。

在與傅家俊的比賽結束後，奧蘇利文自己表示暫時不會退役，未來兩個賽季還會集中精力繼續奮戰。

在遭遇挫折的時候，我們每個人的本能反應都是逃避，可是只有真正熱愛某項活動的人才會堅持到最後。

那麼，當我們對學習、工作和生活產生厭倦的時候，我們應該怎麼樣來排解心中的那份倦意呢，使自己迅速進入狀態，做個朝氣蓬勃的青年人。

一、要正確面對工作，計劃多一點，夢想少一點

要切實考慮清楚自己要做的每一件事，從工作的形式到工作的環境，然後確定自己所要追求的職業的標準或目的。我們可以把所追求的理想職業劃分成盡可能短的各個階段，按

照自己的目標一步步地努力，切不可急功近利，貿然前進。

二、不要放棄自己的業餘生活

有些人工作只知道拚命幹。晚上加一小時的班，連週末也成了辦公時間。他們除了工作，幾乎沒有任何社交活動，時間長了，不免對工作產生反感。如果平時每間隔一段時間，就和朋友一起出去休閒一下，換換心情，說不定還能提高工作效率。

三、尋找工作外的成功

我們可以把自己的愛好和業餘活動當作本職工作一樣認真對待，並且同樣可以引以為榮。許多人只把辦公室的成績看做是真正的成功，一旦工作遇到麻煩，就會感到羞辱。如果把自信同時繫於其他方面，當工作受挫時，就容易保持積極的心態。

四、試著對別人微笑

當你在電梯裡對別人微笑的同時，別人也會對你報以微笑。在辦公室也是如此。以禮相待是人的本性。與不理不睬的人，一夜之間就能建立親密的關係是不現實的，但若你真誠地去改善關係，你的同事遲早會感覺到這一點，並且像好朋友一樣地對待你。

倘若我們一直沉迷在低谷中，厭倦的心理情緒就會佔據了上風，我們再想擺脫就難上加難了。所以，遇到問題，我們要學會堅持。

Chapter.2

覺得自己活得快樂

Don't mess with me

一個人有什麼樣的心態，就有什麼樣的命運。

保持快樂的情緒

你看見別人每天高高興興的，而你卻終日愁眉苦臉，你會羨慕別人的好心情。其實，我們每個人每天都能擁有快樂的心情。

有人說：「一種美好的心情比十付良藥更能解除生理上疲憊和痛楚。」

快樂是一個人內心世界的真實體驗。同一個事物對於不同的人來說，快樂的心情也是不相同的。快樂是一種心境，境由心生。快樂是主觀的，它存在於人們的內心世界之中。我們要學會用哲學的態度看待人生，人不是因爲美麗而可愛，而是因爲可愛而美麗。

有位作家曾說過這樣一句話：「一個人的性格決定一個人的命運，如果說你喜歡保持你的性格，那麼你就無權拒絕你的際遇。」

美國一家調查機構調查二十二個國家中人們的快樂水平，結果顯示，美國人的快樂水平最高，有百分之四十六的美國人對自己的生活感到快樂，其次是印度，百分之三十七的印度人樂呵呵地生活著，而中國人的快樂水平最低，位列榜尾，只有百分之九的中國人覺得自己活得快樂。

誰都希望自己的生活過得快樂，快樂是一種良好的心態，快樂的心情能使人身體健康長壽。學會快樂的生活，最重要的是要擺正自己的心態。判斷事物的對與錯，應該堅持自己特有的思想和觀點，不要太在意別人的想法。如果你自己認爲這樣做値得，那就堅定自己的做法，做好你自己的事。

心理學的博士凱倫・撒爾瑪索恩女士說：「我們的生活有太多不確定的因素，你隨時可能會被突如其來的變化擾亂心情。與其隨波逐流，不如有意識地培養一些讓你快樂的習慣，隨時幫助自己調整心情。」

紐約有一個叫屈伯爾・郎曼的企業家，十八年前，由於憂慮過度而患失眠症。當時他精神緊張，脾氣暴躁，情緒不穩，覺得自己快要精神分裂了。

屈伯爾・郎曼當時是紐約皇冠水果製品公司的財務經理，投資了五十萬美元，把草莓包裝在一加侖裝的罐子裡。二十年來，他們一直把這種一加侖裝的草莓賣給製造冰淇淋的廠商。後來有段時間，他們的銷售量大跌。

那些大的冰淇淋製造商，像國家奶製品公司之類的，產量急劇增加。爲了節省開支和時間，降低成本，他們都買三十六加侖一桶的桶裝草莓。

屈伯爾・郎曼不僅無法銷售五十萬美元的草莓，而且根據合約規定，在今後的一年之內，他們還必須繼續購買價值一百萬美元的草莓。屈伯爾・郎曼已經向銀行借了三十五萬美元，現在，既無法還清借債，也無法籌集到需要的款項。

這就是屈伯爾・郎曼憂慮的根源。

爲了挽救生意，屈伯爾・郎曼趕到在加州華生維里的工廠裡，想要讓總經理知道情況有所改變。開始他不肯相信，經過幾天的請求之後，終於說服他不再按舊的方式包裝草莓，而把新的製品放到舊金山的新鮮草莓市場上賣。結果，這一做法幫助屈伯爾・郎曼解決了大部分問題。

回到紐約之後，屈伯爾・郎曼又開始爲每一件事擔憂。對在義大利購買的櫻桃、在夏威夷購買的鳳梨等等，都非常緊張不安，睡不著覺。

屈伯爾・郎曼知道了自己憂慮的底限，於是他決定以後不再只生產罐裝草莓了，因爲那樣風險太大，以致於使自己每天擔心害怕。

是的，我們每個人不可能天天都很快樂，但是我們要試著使自己開心和快樂。困難的時候要學會超越痛苦，然後給自己一個微笑。快樂是一杯茶水，雖然沒有醇酒的香郁，也沒有咖啡的刺激，更沒有牛奶的醇厚，但能使人品出淡淡的清香。快樂是在逆境中不沉淪而是崛起的心態，快樂是在孤獨中的渴望成功的喜悅，快樂是一種發自內心的心境。

有一個商店經常燈火通明，有人問：「你們店裡用的是什麼牌子的燈管？那麼耐用？」店主回答道：「我們的燈管也常常壞，只要常常更換就行了！」原來保持明亮的方法很簡單，只要常常更換就行了。同樣保持快樂的方法也很簡單，只要自己有一顆平常的心。

快樂是人生的一種灑脫，是人生的一種成熟。快樂能夠帶給我們很多好處：快樂的人能夠安於平淡的生活；快樂的人能夠與世無爭；快樂的人能夠健康地度過每一天。

那麼我們怎麼樣才能擁有快樂的心情呢？

一、學會每天拍照片

專家建議，每天用相機拍下一些身邊的人和事，如窗外的樹木、路邊的小花。這些風景會使我們領略到大自然的美好，會讓我們有一種融身於大自然中的感覺，讓我們的心情變得格外好。此外，當你整理照片時，看到這些美好的回憶，人會很容易變得快樂起來。

二、看悲傷的電影

看一部令人傷感的電影，會讓你情不自禁的流淚。這樣有兩個好處：一是可以釋放你內心的壓力，讓你感到全身心的放鬆；另外，主角的思想也會影響你，你會認同或者不認同他的觀點，使你看到生活中原來有很多美好的東西和值得你留戀的東西。

三、用心追求能力所能得到的東西

追求快樂有一個大前提就是要瞭解快樂不是垂手可得的，它既非一份禮物，也不是一項權利，只有透過主動尋覓、努力追求，才能得到。當你爲你的理想努力拚搏的時候，你就領略到了其中的快樂。

四、不斷嘗試新事物

當你嘗試新的活動或者接受新的挑戰的時候，你會因爲發現多了一個新的生活層面而驚喜不已。學習新的技術可以使人獲得新的滿足。

五、敢於追求夢想

蕭伯納有句名言：「一般人只看到已經發生的事情而說爲什麼如此呢？我卻夢想從未有過的事物，並問自己爲什麼不能呢？」年輕人應該有自己的夢想和追求，奮鬥的過程也能使人產生無比的快樂。

追求快樂的途徑很多，不光是只有一個。如果人們認爲自己這一生只能成功地擔任一種工作，扮演一個角色，那麼他自己就永遠不會快樂，想法太狹窄就容易導致不快樂。

快樂在自己手中

頭上蹦出的青春痘、同學間的小摩擦、不太理想的分數……我們誰沒為小事而煩惱過呢？我們的生活就是由形形色色的小事構成，但這些小事並不是我們生活的羈絆。我們不要為它們感到煩惱，因為它們不只浪費我們的時間，還會敗壞我們愉快的心情。我們只有每天保持快樂的情緒，才會感到生活的樂趣。

我們每個人都想追求快樂，都要追求快樂，豈不知快樂就在我們自己的手中。

一九四五年三月，羅勃・摩爾在中南半島附近兩百七十六米深的海下，學到了他一生中最重要的一課。當時，羅勃・摩爾正在一艘潛水艇上。他們從雷達上發現一支日軍艦隊，一艘驅逐護航艦，一艘油輪和一艘佈雷艦，朝他們那邊開來。他們發射了三枚魚雷，都沒有擊中。突然，那艘佈雷艦直朝他們開來。於是，他們潛到一百五十英尺深的地方，以免被偵察到，同時作好了應付深水炸彈的準備，還關閉了整個冷卻系統，和所有的發電機器。

三分鐘後，天崩地裂。六枚深水炸彈在四周炸開，把他們直壓海底。深水炸彈不停地投下，整整十五個小時，有十幾個就在離他們五十米左右的地方爆炸。若深水炸彈距離潛水艇不到十七米的話，潛艇就會炸出一個洞來。當時，他們奉命靜躺在自己的床上。保持鎮定。羅勃・摩爾嚇得無法呼吸，不停地對自己說：「這下死定了……」。潛水艇內的溫度幾乎有五十多度，可是他卻怕得全身發冷，直冒冷汗。十五個小時後攻擊停止了，顯然那艘佈雷艦用光了所有的炸彈後開走了。

這十五個小時，他感覺好像有一千五百萬年。他過去的生活，在眼前出現，使他記起了做過的所有的壞事和曾經擔心過的一些很無聊的小事：沒有錢買自己的房子，沒有錢買車，沒有錢給妻子買好衣服。下班回家，常常和妻子爲一點芝麻事吵架。

在這十五個小時裡，他從生活中學到的，比他在大學念四年書學到的還要多得多。他對自己發誓，如果我還有機會再看到太陽和星星的話，就永遠不會再憂愁了。

我們只有克服了由小事情所引起的困擾，才會使自己的生活快樂起來。人活在世上只有短短的幾十年，不應該再浪費寶貴的時間，去爲一些芝麻大的小事而憂愁煩惱，而放棄了快樂的時光，這太不值得了。我們每個人只有把握住自己的快樂，才會擁有真正的快樂。

在科羅拉多州長山的山坡上，躺著一棵大樹的殘軀。自然學家告訴我們，它曾經有過四百多年的歷史。在它漫長的生命裡，曾被閃電擊中過十四次，它都能戰勝。但在最後，一小隊甲蟲的攻擊使它永遠倒在了地上。

那些甲蟲從根部向裡咬，漸漸傷了樹的元氣，雖然它們很小，卻是持續不斷地攻擊。這樣一個森林中的巨木，歲月不曾使它枯萎，閃電不曾將它擊倒，狂風暴雨不曾將它動搖，卻因一小隊用大拇指和食指就能捏死的小甲蟲，終於倒了下來。

我們其實就像森林中那棵身經百戰的大樹，我們每個人也經歷過生命中無數狂風暴雨和閃電的襲擊，也都堅持過來了，可是卻總是爲一些小事情焦慮，我們要高高興興、快快樂樂地活著。

快樂時刻把握在我們自己的手中，只是有時候我們自己不知道珍惜。等到想要抓住它的時候，卻發現它已經失去。我們要留心周圍的每一點快樂，學會快樂地生活。下面故事的女主角透過自己的經歷，終於找到了屬於她的快樂。

麗娜家訪回來時，天已經很黑了。隆冬的天冷極了，麗娜把腦袋縮進衣領，把雙手裝進厚厚的手套裡，眼鏡凍得上了霜，索性就摘下來放進口袋裡。爲了早到家，麗娜抄了近路。哪知道出了校區側門卻是正在修整地熱管道重地。白天可以看到警示牌，晚上什麼也看不到。

麗娜一腳踩空掉進了近兩米深的地溝裡。天黑、寒冷、害怕、驚嚇、疼痛，她在下面掙扎了不知道多久。此時的麗娜感覺好像過了幾年一樣：過去的生活浮現在她的眼前，那些讓她煩憂的小事記得特別清楚：捨不得買衣服，爲了小事和同事斤斤計較……。

在深深的地溝裡，在威脅生命的那一刻，這些小事顯得多麼荒謬、渺小。麗娜對自己發誓，若爬出這深深的地溝後，就永遠不會再爲這些小事憂愁了！而要每天都做一個快樂的人。

依麗卡·彼特絲是一名鋼琴家，她畢業於著名的朱麗亞音樂學院，以演奏鋼琴爲業。在她的第一個小孩出生之後，便中風，癱瘓了好幾個月。她復原得很慢，可是已經能夠過正常的生活。但由於大腦受到了損害，她的右手手指永遠軟弱無力，不可能再以演奏鋼琴爲業了。

受到這樣重大的打擊，她沒有怨天尤人。她知道沒有辦法改變這一切，就把她所學的用在教授鋼琴上。今天她已經是成功的鋼琴教授，生活也很快樂。

人生活在這個世界上，肯定會遇到千奇百怪的事情。但是對於同樣的事情，不同的人有不同的處理方式。心態好的人遇到問題自己就可以調整好心態，雖然事情令他很難過，但是他會隨時間而慢慢淡忘；而有的人則不能放開胸懷。一首古老的童謠說：「國王所有的馬，國王所有的人，都不能使過去再生。」我們都應揚棄不能改變的事，再以所有的力量重新開始。

艾德溫・惠特羅在一九七四年生了重病，但是醫生查不出他得的是什麼病。他回到夏威夷後接受了試探性的手術，把好幾處潰瘍除去，身體變得非常虛弱，而他已經是七十多歲的人了，各種跡象顯示他似乎已經難以康復。

當時艾德溫・惠特羅病得很厲害，幾乎不能談話。但是兩年之後，他竟然奇蹟般地恢復了健康，他怎麼做到的呢？一是做一個衰弱的老人，坐在那裡永遠康復不起來；二是想辦法增進健康。於是他開始了鍛鍊，並且還每天堅持下去。他現在已經完全康復，執行諮詢顧客業務，足跡走遍全世界。

造成憂慮的另一個原因，是別人不感激、不欣賞我們而引起的憤恨。在賓州阿倫頓市的傑克・莫拉諾告訴他的同學說，他浪費了五年的時間，每天都記恨他侄子不知感激他的事。傑克六十歲的時候，決定用送禮物而不接受禮物的方式來慶祝自己的生日。他沒有子女，於是就送給三個侄子各一百美元。侄子們非常驚喜，說了謝謝，但以後再也沒有提起過這件事，他們沒來看他，甚至於電話也不打一個，到了第二年的生日，也沒有寄上一張生日卡片來。在五年的時間裡，傑克一直念著他的侄子們不知感恩，不斷地告訴朋友這件事，甚至晚上做夢都夢到這件事，使他過得很不愉快。後來，傑克不再過分期盼別人的感激，生活也就快樂多了。

我們經常爲一些事情煩惱，其實仔細想一想，這些都不是什麼大不了的事。我們把所有的注意力都集中在這些小問題和焦慮上了，把問題過度放大了。其實如果我們能夠學會不爲瑣事煩惱，我們就可以獲得莫大回報。只要我們明白快樂就在我們自己手中，我們又何必斤斤計較這些生活中的瑣事呢？

我們更是如此，我們正處在青春好年華，我們一定要有一顆快樂的心，每天高高興興地成長著。

用微笑面對生活

「人一高興就會笑；因為笑就是高興。」的確，笑容不僅僅表示自己心情的好壞與否，那種親切明朗的快樂會感染身旁的每個人。

你經過車站前的商店時，如果看到商店的老闆娘對你笑了一笑，或許你會隨手買一份報紙吧！當你進入郊外的公路餐館買東西時，即使你已點餐完畢，如果笑容可掬的女服務員親切地對你說：「你是否還需要些別的嗎？」或許你會因此而再多點一兩樣餐點。在販賣場上，親切的笑容多少都具有提高銷售額的魔力，所謂「積沙成塔」，以笑容面對顧客與板著一付晚娘面孔面對顧客，在銷售業績上其差別是顯而易見的。這就是微笑的魅力。

行動比言語更具有力量，而微笑所表示的是，「我喜歡你，你使我快樂，我很高興見到你。」

湯姆先生就曾因爲某個女性魅力的笑容，迷迷糊糊地從腰包掏出錢來。他非常贊成幫助社會貧苦無助的人，但因其中募金流向不明的詐欺亦時有所聞，所以對「街頭募款」的勸誘通常都不加理睬。一天，在車站遇到一個爲了救濟外國災民的募金活動的女性。正打算視若無睹側身而過時，冷不防她卻把整個捐獻箱挪到他面前：「謝謝！」雖然他猛搖手「不！」她也不移開。他以不快的強硬語氣：「我不會捐的！」她一點也沒有厭惡的神色。「這樣子嗎?那，還是謝謝你了！」說著，露出潔白的牙齒親切地微微一笑。那笑容不僅爽朗而且深具魅力。他追上轉身離去的她，掏出百圓大鈔投入捐款箱裡。這不就充分地說明了魅力笑容較之能言善道的推銷話術更具有說服力嗎?

還有一次，湯姆先生診所的患者中有一位推銷保險的女業務員。年紀約三十五六歲，算得上是個活潑又富行動力的美女。說是：「由於自知齒形外觀不雅，所以無法有足夠的自信咧嘴而笑，希望能帶給初見面的客戶更好的印象。」在齒型治療的一個月中，他指導她做「微笑訓練操」，同時告訴她笑的威力。三個月後，她以明朗快活的語調打電話到診所來，想不到營業額竟然增了一倍。對於自己的笑容有了自信，就能帶給客戶好的印象，而自己也會因此變得更積極更有活力，這絕對不是偶然的僥倖。

此外，湯姆先生還曾被某個推銷牙齒百科全書的業務員之笑容所惑，購買了一部近十萬元的百科全書。不是他這人特別好說話，一打聽其他牙醫朋友們也幾乎全買了。據說他是販賣該百科全書的外商公司裡的超級業務員。湯姆私下請教，他才帶點不好意思地說他魅力笑臉的祕密在於，在客戶的門前，一定先確認自己的笑容後才敲門拜訪。

「笑招好運來」。想要賺更多的錢，親切的笑容是無上的至寶。

笑能讓你變成一個令人歡迎的人。如果一個人每天都是春風滿面，笑容可掬，別人對他的感覺和印象肯定會特別深刻。無論你是應聘工作，洽談業務，還是趕赴約會，出席酒宴，微笑都能使你魅力陡增，收到意想不到的效果。

而「經營之神」松下幸之助更說：「如果有人問，在我們賣給顧客的商品中，最重要的是什麼，不知各位列舉出什麼樣的商品，當然可以朝很多方面考慮，不過我認爲應該是親切的『笑容』。」美國的百貨大王——華納麥克也強調「微笑與握手都不需花時間與金錢，但卻可以使生意更興隆。」

不管你是美的、醜的，只要你在工作中笑的時機好，笑的程度佳，那你的笑就會給你帶來好的評價，會顯露出你的風度與氣質，人們會說你是一個有修養、隨和而可親的人。當你得到了周圍的人對你這個評價後，你的前程也會跟著燦爛。

「我看過很多到銀行來貸款的中小企業的總經理，但是能讓我們放心地把錢借給他的，是那些即使資金周轉不靈，他仍充滿活力、笑逐顏開的人，反之，那些哭喪著臉的人就借不到錢了。」這是在某家大銀行的貸款部門有多年事業經驗的老行員所說的話。仔細觀察那些擅長於拜託別人的女性，她們可能不是美女，但笑容卻使她們看起來更討人喜歡。難以啓口的事，難以進行的事，但又必須拜託別人時，「笑容」可以發揮強大的力量，對於受委託的一方，會因你的笑容，而增加協助你的意願，放心地與你交換意見。

有人說，笑容是支點，能力是槓桿，有了這兩樣，能撐起整個地球。在現代社會，競爭愈演愈烈，勝負的關鍵與其說取決於能力，倒不如說取決於能讓自己顯得更出色，更如虎添翼的魅力，這就是微笑。

葉慈太太是小說作家，但她的那些神祕小說沒有一本比得上一個真實故事的一半有趣。這件事發生在日本襲擊珍珠港美軍艦隊的那天早晨，葉慈太太生病躺在床上已有一年多了，她得的是心臟病，一天二十四小時要躺在床上二十二小時。她走過最長的路，就是到花園裡去做日光浴。即便這樣，她走路的時候還得讓女傭人攙著。她曾經說到，要不是日本人轟炸珍珠港，她或許永遠都不可能從這種病人的狀態中走出來，也絕不可能再真正地生活。

那天，有一顆炸彈就落在葉慈太太家的附近，爆炸的威力把葉慈太太從床上震得掉了下來。軍方的卡車趕到基地的附近，把陸軍和海軍的眷屬接到公立學校裡。然後紅十字會打電話給讓那些有多餘房間的人收容他們。紅十字會的人知道葉慈太太有一個電話放在床邊，因此要求葉慈太太替他們記錄所有的資料。於是葉慈太太記錄下所有的陸軍和海軍的眷屬以及孩子們被送到什麼地方去，而紅十字會也通知所有的海軍和陸軍人員打電話給葉慈太太，問她他們的家人分別安頓在什麼地方。

葉慈太太很快發現，她的先生羅勃·葉慈上校安然無恙。葉慈太太盡量想辦法讓那些不知道她們的先生生死如何的太太們高興；她試著去安慰那些先生們被打死的寡婦。起先她一直躺在床上接聽所有的電話。然後她坐在床上聽電話。最後，她忙得很興奮，完全忘記了自己的虛弱，就走下床來坐在桌子旁邊。

在幫助那些情況比她壞得多的人時，她完全忘了自己。以後每天除了晚上正常的八小時睡眠以外，她沒有再回到床上去。她現在知道，如果日本人沒有轟炸珍珠港，她也許會終生做一個半殘廢者。

生活就是這樣，總會有很多不如意的時候。既然無法改變，我們何不痛快地活著呢？

微笑的魅力就是可以吸引我們周圍的每一個人，微笑可以使我們坦然地面對生活中的各種磨練。我們的臉上都要掛著迷人的微笑。如果我們還沒有學會微笑，那就要我們從現在起就微笑起來吧。

快樂其實很簡單

想要快樂其實很簡單，簡單得我們每個人每天都可以擁有。可是人們往往彷徨在失去與得到之間，徘徊在痛苦與破碎的邊緣，擁有的時候不知道珍惜，等到失去了才體會到心酸的味道。

一個小孩對母親說：「媽媽，媽媽，你今天好漂亮。」母親問女兒：「爲什麼？」小孩說：「因爲媽媽今天沒有生氣。」原來要擁有漂亮很簡單，只要不生氣就可以了。

有個人去應徵工作，隨手將走廊上的紙片撿了起來，放進垃圾桶裡。恰巧被路過的考官看到了，他也因此得到了這份工作。原來獲得賞識很簡單，只要養成好的習慣就行了。

有一個小弟弟在腳踏車店當學徒。這時，有人送來了一部壞了的腳踏車。小弟弟除了將車修好外，還把車子擦得乾乾淨淨。其他學徒卻笑他多此一舉。車主將腳踏車領回去的第二天，小弟弟被挖到他的公司上班。原來出人頭地很簡單，只要吃點虧就可以了。

幾個小孩非常想當天使，上帝給他們一人一個燭台，叫他們保持燭台光亮。幾天過去了，上帝都沒有來檢查，幾乎所有的小孩都不再擦拭那燭台。有一天，上帝突然造訪，他們每個人的燭台上都蒙上了厚厚的灰塵。只有一個被大家叫作笨小孩的小孩，因爲上帝沒來，他也每天都擦拭，結果這個笨小孩成了天使。其實當天使很簡單，只要實實在在地去做就行了。

快樂的道理跟上面的故事相同。其實要想快樂也很簡單。要想快樂，就要從每一件小事做起，才會擁有今天乃至幸福的未來。

德國哲學家康德則認爲：「快樂是我們的需求得到了滿足。」快樂是一種美好的狀態，使你覺得個人以及周圍的世界都很不錯。

快樂是人生經歷過磨練後對生活的一種淡定，是人生情感失而復得的欣慰；是人生的相濡以沫。

從前有一戶人家的菜園擺著一顆大石頭，寬度大約有四十公分，高度有十公分。到菜園的人，不小心就會踢到那一顆大石頭，不是跌倒就是擦傷。

兒子問：「爸爸，那顆討厭的石頭，爲什麼不把它挖走？」

爸爸這麼回答：「你說那顆石頭喔？從你爺爺時代，就一直放到現在了，它的體積那麼大，不知道要挖到什麼時候，沒事無聊挖石頭，不如走路小心一點，還可以訓練你的反應能力。」

過了幾年，這顆大石頭留到下一代，當時的兒子娶了媳婦，當了爸爸。

有一天媳婦氣憤地說：「爸爸，菜園那顆大石頭，我越看越不順眼，改天請人搬走好了。」

爸爸回答說：「算了吧！那顆大石頭很重的，可以搬走的話在我小時候就搬走了，哪會讓它留到現在啊？」

媳婦心底非常不是滋味，那顆大石頭不知道讓她跌倒多少次了。

有一天早上，媳婦帶著鋤頭和一桶水，將整桶水倒在大石頭的四周。

十幾分鐘以後，媳婦用鋤頭把大石頭四周的泥土攪鬆。

媳婦早有心理準備，可能要挖一天吧，誰都沒想到幾分鐘就把石頭挖起來，看看大小，這顆石頭沒有想像的那麼大，都是被那個巨大的外表蒙騙了。

這個故事告訴我們，如果你的世界沉悶而無望，那是因爲我們自己沉悶無望。改變你的世界，必先改變你自己的心態。

有一位曾經非常優秀的年輕女老闆，在她結婚後爲了好好照顧家庭，把她的生意全部交給了她老公打理。最初時他們過著非常幸福的生活，隨著時間的推移，生意的擴大，他的老公沒有像以前那樣多的時間陪伴她。於是，她在開始懷疑她老公是不是有外遇了，她開始不信任她老公，開始了電話查勤，開始了突擊檢查，開始偷翻老公手機的記錄，開始悶悶不樂，無論她老公怎麼做她都不開心，不再信任他。後來，她老公爲了緩解一下緊張的家庭關係，去外地開拓市場而暫時離開她。可是，她卻一點也沒醒悟，還是一如既往地不信任，甚至變本加厲。終於她精神失常，住進了醫院，最後在三十三歲那年抑鬱而終。

其實，快樂真的很簡單。只要我們願意嘗試。在日常生活中，我們應該怎樣擁有快樂呢？

一、在週末的清晨學會做白日夢

在週末做做白日夢，可以緩解我們工作和生活中的壓力，想想我們美好的未來，想想我們心中的理想和希望，可以鼓足我們生活的信心和勇氣。

二、定期寫郵件或發短訊

和相識多年的朋友定期以郵件和短訊的形式保持聯繫，可以得知朋友之間的新鮮事情，可以相互之間交流和傾訴，有利於身心的健康。有寫日記習慣的人，透過在紙上隨手塗鴉或草草地寫上幾句，便能反映出潛意識中的心理狀態。

三、在水邊散步

研究表明，嬰兒時期便置身於羊水中，因此人與生俱來就是親水的。在水邊散步，能有效地幫助人放鬆身心，即使煩惱再多，在有綠樹有流水的環境中，也能讓你暫時拋開眼前的一切。

四、偶爾吃一頓大餐

吃一頓大餐的美妙不僅在於能享受到美味可口的食物，還能讓你感覺自己像受到了特別禮遇，這樣心情會不知不覺地變好。

五、參加團體活動

雖然有時候獨處也能夠調節人的心情。但是如果分出一部分時間給團體活動，如登山、郊遊、野餐、歌友會……你會在團體的生活中找到樂趣。

六、定期游泳

游泳是最消耗體力的運動之一，但這種讓人精疲力竭的活動，能讓人擺脫煩惱，身心得到舒展。

七、一邊喝咖啡，一邊讀小說

挑一家出名的咖啡館，帶上一本近期最讓你感興趣的小說，選一個靠窗邊的位置坐下。點一杯咖啡，邊喝邊讀。這種氣氛能讓你體驗一下電影中才有的浪漫鏡頭，你也會受到氣氛的影響，得到放鬆和享受。

八、給朋友寄卡片

挑選幾張別緻的卡片，寫上隻字片語，如「想念你」、「願你的心情和今天的天氣一樣燦爛」、「一定要幸福喲」、「想起我們在一起的日子」等等，然後郵寄給你的朋友。當所有的卡片都被一一寫完並郵寄出去後，想到朋友收到卡片時驚喜的表情，你會露出迷人的笑容。

上面的方法不是每一種都適合你，挑選幾種適合你的方法，快樂地打開心靈的窗戶。

快樂是千金難買的財富，是暮年相互攙扶的伴侶，是朋友之間的推心置腹，是以寬容的心態包容他人的心。

知足者常樂

所謂知足，是一種平和的境界。所謂常樂，是一種豁達的人生態度。所謂知足者常樂，並不是說這個人安於現狀，沒有追求和目標，而是說這個人懂得取捨，也懂得放棄。

一日，王華國在街上遇見一位多日未見的老朋友，乍一見，確實讓人嚇了一跳。他怎麼變成現在這樣了呢？眼窩深深凹進去，帶稜的嘴角也無力地拉垂了下來，臉色枯萎得如同一張乾瘦的黃菜葉。王華國急忙拉住問：「老兄，你這是怎麼啦？」

「唉，煩死人了！」他歎一口氣道，「我工作三十年了，年資不算短吧，前些年退休，一個月才領到七千多元，而我隔壁家的小林，年紀比我小，年資比我短，去年辦的退休，卻領到一萬多，比我高出幾千，這合理嗎？能不煩心嗎？」說著，他又一陣猛咳。

王華國忙說：「別比了，比有什麼用？越比越心煩。人老了，身體要緊，看你這樣子，趕緊去醫院看病吧！」

「不看不看，死了好，眼睛一閉便一了百了。」

這時，王華國想起了以前的自己。前些年，王華國不也是這樣嗎？心裡老煩，老愛發火：憑什麼人家拿錢多？憑什麼人家的日子過得好？愈想心裡就愈不平，就愈煩。人未過五十，頭上就已有不少白髮，而且身上這裡疼那裡痛，人活得挺累的。眼下退休了，方才明白，一輩子跟人家爭，又解決不了什麼問題。都是比較惹得禍。

人活在塵世上，又有什麼比知足者常樂更讓人覺得珍惜的事呢？只是世界太浮華，很少有人願意體會知足者常樂的意境。

追求是無止境的。追求得越多，得到的可能也多，也有可能少。但是，隨之而來的煩惱肯定比他人多。長期下去必然造成身心疲憊，力不從心。其實人的一生不管你物質生活充實或貧乏，只要你身心愉悅，就是在過著幸福生活。即使你家產無數，但是你不懂得享受和珍惜生活，你同樣不懂得享受生命。所以我們只有生活在安祥的世界中，才能真正的享受生命。

所謂知足者常樂，這是一種對生命的淡然之美。懂得享受工作與享受人生的人才最快樂。這種快樂來自於自知與自我價值的認同感。但在這裡所說的知足常樂並不等於鼓勵大家不求上進。如果你每天都有知足的事業，你就是在進步，就是有所造詣。長期堅持下去，你就會在愉悅中體會到成功的樂趣。如果因爲工作的壓力使自己的身心疲憊，那麼幸福肯定不是屬於你的。爲了使我們的生活更加有意義，我們都應該學會知足常樂。只有這樣，才能使我們的生活更加豐富多彩，才能讓我們更好地的享受人生的快樂。

老張有一次去醫院看病。一位老醫師對老張說：「人往老處走，更要注意身體健康，要心平氣和，氣則傷肺，火則傷肝。身體好，比什麼都好。還有，我們都到了這個年紀，什麼困難沒經過，什麼苦沒吃過，如今誰又不比過去好多了呢？」

老張想想也是。當年在鄉下，從早做到晚，累死累活幹一天，工資才不過幾塊錢。現在月月能領到退休金，兒女都有工作，又有了孫兒，四代同堂，一家子和和睦睦，幸幸福福，值得去心煩嗎？

醫師送給老張一首《莫生氣》歌：「相扶到老不容易，是否更該去珍惜。爲了小事發脾氣，回頭想想又何必。別人生氣我不氣，氣出病來無人替。我若氣死誰如意，況且傷神又費力……」

老張想明白了：「人老了，再煩就不值，要健健康康過日子，快快樂樂討生活。」

確實，萬事萬物無所謂殘缺，無所謂完美。殘缺不怕在外表，怕就怕在心裡。物質與精神是兩種不同的境界，現在很多人都已經被同化了，使人性變得貪婪、自私和殘忍。變得不可一世，利益權利第一。正因爲這些人的慾望無法滿足，才出現了人與人之間的認同感越來越差。活在這個世界上，人與人之間每天都存在著很多差距，如何擺正自己的位置最爲重要。

父母給我們生命讓我們每個人活在這個世界上並不容易，我們要好好地珍愛自己的生命。我們在工作和生活中要時時地把握好知足常樂這個道理，對待任何事物都不能全部掌握，我們也不可能擁有所有的物質與精神財富。所以每一個人要對你目前的一切感覺到知足。

知足者常樂，在哪個時段，做那個時段該做的事。就是最佳狀態。俗話說得好，人比人得活著，物比物得留著。我們要學會自我安慰，這樣才能讓我們的身心更加放鬆。

成功屬於快樂者

生活中有許多人總是把活得太累、活得太煩的原因歸結為外界，認為都是周圍不開心的事物搞得自己的心情很煩悶，卻不明白控制心態的主動權是掌握在自己手中。

我們完全可以選擇我們的心情。對於同樣一件事情，有的人就會用樂觀的態度去對待，而且就會感到輕鬆；而有的人卻用悲觀的態度去對待，就會感到悲不自勝。

小婷，是一位走在人潮洶湧的台北街頭，瞬間就會被淹沒的普通女子。年過三十七歲至今單身一人，尚未出嫁。在郊區有著一間不大的房子，因為沒有車，住得又遠，早晨趕時間常常不得不坐計程車。剛認識她的人，還會暗忖，「年紀不小，混成這樣，也真……」但平日裡，朋友們想找到小婷，還真不容易。

她經營著一家小小的文化公司，連她自己在內，一共四個人。小婷酷愛宗教和歷史，她的小公司主要經營宗教歷史類圖書版權、舉辦相關的文化活動。

大學畢業後，她一直在台北一家出版社朝九晚五地上班。幾年前，她忽然質疑自己：從職員熬到編輯，再熬到主編，大概需要一生的時間，她覺得太不值得。這是一段極不快樂的日子，眼看著青春年少時的夢想枯萎乾癟，漸漸遠去，「心裡充滿了挫敗的感覺。」掙扎了一年多，她終於決定放下過去，去做一些自己喜歡的事情。於是聯絡了三個志趣相投的夥伴，登記註冊了這家小公司。

平日裡，除了打點公司大小事宜，小婷的業餘時間也塞得滿滿的。大至教會活動、小至學校宗教興趣小組的討論，小婷都是不可或缺的活躍分子。她在台北著名的學院區還「有」一家十分安靜的酒吧——「因爲太喜歡這家酒吧的風格，出一點點錢，做個小小的股東，純粹是爲了到時候擺擺老闆派頭。」小婷自嘲的時候也很真誠。

小婷並不像個做生意人的樣子。公司賺來的錢多數扔在有去無回的公益活動裡，一點不懂得投資累積，增加收入。至於入股酒吧，更是當了股東三年多，從來沒有分過紅。按照朋友們的說法，小婷如果精打細算，小心經營，現在絕不至於還手頭拮据。但是小婷卻不這樣認爲，她覺得最大的收穫是，不再覺得自己是一個失敗的、即將被生活拋棄的人。「我覺得自己還挺成功的，儘管很多人不這麼認爲。」衡量一個人的成功可以有很多方式：家有財富萬貫是一種，能夠做自己喜歡的事、愛自己喜歡的人、過自己喜歡的生活，也是一種。但是所有的成功都應該建立在快樂的基礎上，成功應該屬於快樂者。

但是，可悲的是，我們許多人總在推遲我們的快樂且無限期地推遲。他們總在心裡不停地說服自己：「等我在公司的地位穩固了，那時我就快樂了；等我的薪資漲到了每月五萬塊錢，我就高興了；等我娶了漂亮的妻子，我就會幸福了；等到孩子成家立業了，我就沒有生活負擔而悠閒自在起來了……」總之，在他們眼裡，有朝一日「我」會快樂的。試想，如果我的薪資不再漲，那是不是我就必須生活在痛苦之中，每天都在掙扎，連睡覺也夢見自己漲薪水，這樣長期下去，就會身心疲憊。如果不改變自己的這種心態，自己就永遠都不會有快樂的一天。我們要想取得成功，需要快樂的心態。倘若我們整天怨天尤人，我們又怎樣能夠集中精力學習和工作呢？

人生永遠都充滿挑戰，生活的瑣事也會層出不窮。如果你不主動拋棄煩惱，它們就會成爲你最忠實的人生伴侶，永遠和你形影相隨，影響你一生的快樂和幸福。

Chapter 3

微笑面對別人的傷害

Don't mess with me

不要對事情斤斤計較，那樣我們的生活也會變得很累。

坦然面對別人的嫉妒

▼自己不曾擁有，就快樂地欣賞別人的擁有，妒忌他人終究會給自己帶來痛苦。這種痛苦會使嫉妒的人不可自拔，每天生活在自卑之中，別每日想著怎麼樣去報復別人，以致浪費了寶貴的時間，荒廢了大好的前程。

多數人都會有這樣的感覺，本來大家在一起是好朋友，突然有一天，你得了個工作模範的稱號，你會發現所有的人都離你而去了，他們不像以前那樣熱情，和你談天說地了，也不會主動叫你去吃飯了。為此，你的心裡會很迷茫，還會很失落。朋友，不必傷心了，將別人的嫉妒看成對你的恭維，你的心情就會變好了許多。

一位名叫羅伯特・赫金斯的青年，在半工半讀的情況下，於幾年前完成了耶魯大學的學業。他做過服務生、伐木工人、家庭老師、推銷員等。然而，八年之後，他年僅三十歲，竟被任命爲美國第四富裕的高等學府芝加哥大學的校長。資深的學界精英們紛紛大搖其頭，抨擊的炮口瞄準了這位年輕的大學校長：太年輕，太缺經驗，教育觀念有失偏差……新聞界也和學術界保持了同一步調。在羅伯特・赫金斯校長舉行就職典禮那天，他的一個朋友對他的父親說道：今天早上，我在報紙上讀到攻擊令郎的社論。我感到非常憤慨。老赫金斯不以爲然，平靜地說：「是的，他們的批評很刻薄。不過，任何人都不會去踢一隻死狗的。」

嫉妒是一種缺乏自信、深感失落的心理感受，它是人們看到或感到他人的才幹、好運、地位、財富以及未來的命運好於自己時，自己內心的一種深深的刺痛。有嫉妒心的人往往不能正視別人的優點，總愛挑剔別人的缺點。每當看到別人受到表彰或在事業上取得成就時，他就會不高興，感到別人出成績就是對自己的打擊和貶低，於是憤怒、怨恨。嫉妒者終日抱有怨恨的心理，眼睛時刻盯著別人，內心痛苦不堪。

英國皇太子——即後來的愛德華，現在的溫莎公爵在少年學生時代也有過類似的經歷。

有一天，一個軍官發現他正哭泣，便走上去詢問原因。起初，他不願回答。經再三追問，他才回答說一群軍官學校的學生拿腳踢他。軍官馬上向校長報告。

校長聞訊後，召集學生們訓話。他表示，皇太子並沒有怨言，但是，校方必須瞭解爲什麼只有他會遭到這種待遇。這些軍官學校學生開始不敢據實交待，支支吾吾了半天。最後，經過一番動搖，他們坦白地講出了真正的動機：有朝一日，當我們當上艦長或海軍司令的時候，我們就可以自豪地向世人宣稱：「我曾經踢過國王一腳。」

由於別人的嫉妒，可能會無緣無故給自己平添很多煩惱，也會給自己帶來很多麻煩，這是不可避免的。面對這些突如其來的麻煩，你會怎樣看待呢？聰明的人把他當作對自己的一個激勵，從此更加輝煌。愚蠢的人就會被這些麻煩困擾，從此變得迷茫，變得不知所措。

讓我們正確對待這些嫉妒，把這些嫉妒當作是別人對你的一種肯定，一種重視。愛德華王子就是這樣做的。

但是嫉妒也會害人害己。如果由於妒忌，而犯下了不可饒恕的罪過，這就太令人難過了。

《聖經故事》裡記載：亞當和夏娃被逐出伊甸園後，不久夏娃就懷孕了，生下兒子該隱。該隱是「得到」的意思。因爲夏娃認爲是靠上帝耶和華的幫助，才得到了一個兒子。後來夏娃又生了該隱的弟弟亞伯。該隱長大以後，成了一個農夫，亞伯成了一個牧羊人。到了收穫的季節，該隱和亞伯向上帝獻祭，該隱獻上的是地裡長的糧食，亞伯則把他羊群中最好的羔羊獻給了耶和華。耶和華看中了亞伯的供品，但沒看中該隱的供品。該隱又嫉妒又生氣，臉色都變了，耶和華就對該隱說：「你爲什麼發怒呢？如果你做得好，你也會被接納的；如果你做得不好，魔鬼就會來引誘你，你就會受罪惡的支配。」

有一天，該隱提議讓亞伯跟他一起到野外去玩。到了野外，該隱就打他的兄弟，並把他殺了。這事被上帝知道了，上帝問該隱：「你的兄弟亞伯到哪兒去了？」該隱說：「我怎麼知道，我又不是專門來看管他的。」上帝說：「你兄弟的血從地裡向我哀告，因而我知曉了這件事。地承受了你兄弟的血，因此，從今以後，你要受地的詛咒，你辛勤耕種，但地卻不給你效力，你還要到處流浪。」該隱對耶和華說：「你對我的懲罰超過我的承受能力，你把我從這片土地上趕走，讓我到處漂泊，遇見我的人就會把我給殺了。」耶和華對他說：「不會的，因爲我要讓殺你的人受到七倍的懲罰。」耶和華就給該隱做了個記號，免得人們殺他。該隱就離開了他原來的住所，到耶和華給他指定的伊甸園東邊一個叫挪得的地方去了。

該隱殺弟，是人類歷史上的第一樁兇殺案，而這正是由嫉妒引起的。

因此，嫉妒心理在一定程度上帶有動物性。許多動物的本性是十分嫉妒的。一隻狼可以把比它多搶了獵物的同類咬死。我們同生活在天地之間，但因爲能力、經歷、智力、機會、運氣、社會背景、受教育程度等等各種主客觀條件的影響，造成了人與人之間的差別，存在地位的懸殊、貧富的差距等等。我們必須正視這些差別，不能怨天尤人，更不應該嫉恨他人。

佩瑞海軍上將是震驚全球的探險家。佩瑞上將於一九〇九年四月六日乘雪橇到達北極。幾百年來，無數勇士為了實現這個目標而挨餓受凍，甚至送命。佩瑞上將也幾乎因為飢寒交迫而死去，他的八個腳趾因為凍僵受傷而不得不切除，他在路上所碰到的各種災難都使他擔心自己會發瘋。但是，在華盛頓的那些高級海軍官員們卻因為佩瑞大受歡迎和重視而嫉妒他。於是，他們開始誣告他，說他假借科學探險的名義斂財，然後「無所事事地去北極享受逍遙」。那些高級海軍官員們可能真的相信這句話，因為人們不可能不相信他們想相信的事情。那些高級海軍官員們想羞辱和阻撓佩瑞的決心是如此的強烈，以至於最後必須由麥金利總統直接下令，才使佩瑞上將能在北極繼續他的研究工作。

《論衡》中有這樣的話：「等之金也，或為劍乾，或為鋒括；同之木也，或梁於宮，或柱於橋；俱之火也，或爍脂燭，或燔枯草；均之土也，或基殿堂，或塗軒戶；皆之水也，或溉鼎釜，或澡腐臭。」意思是說，同樣是金屬，有的會被做成兵器，有的會被做成農具；同是木材，有的會成為宮殿的大梁，有的則成為橋下的支柱；同樣是火，有的是用來點燃蠟燭，有的是用來焚燒枯草；同樣是土，有的用來做殿堂的地基，而有的則用來塗抹門牆；同樣是水，有的是用於煮粥蒸飯，有的則用於洗滌腐臭。物體之間的差別相去千里，更何況我們人呢？

古代著名的政治家、詩人屈原，曾多次向楚懷王進諫，提出過許多有利於國家富強、人民安居樂業的建議，開始深受楚懷王信任，授予他左徒的高位，但卻因此引起了楚國貴族特權人物的嫉妒，他們形成了一個反對屈原的小團體，常常在楚懷王面前中傷屈原。楚懷王聽信讒言，兩次疏遠屈原，導致了自己成爲秦國階下囚的下場。楚頃襄王繼位後，屈原繼續上書倡議改革，這又引起奸臣更深程度的嫉恨，他們再次在楚頃襄王面前極盡誹謗，於是昏庸的楚頃襄王撤了屈原的職，把他流放異地，楚國最終被秦國攻佔。面對淪陷的祖國，不願做亡國奴的屈原只得帶著政治理想無法實現的苦悶，懷著滿腔愛國熱情投江而死。與其說屈原死於自殺，不如說屈原是死於嫉妒這把殺人不見血的屠刀之下。

《三國演義》裡的東吳大將周瑜，嫉妒諸葛亮的才能，千方百計要害死諸葛亮，結果自己被活活氣死。他還對天長歎「既生瑜，何生亮」，實在可悲！連曹操，也難以免俗不妒，他手下的楊修，聰明過人，每每猜破曹操心計，以致曹操口中稱讚，「心實惡之」，竟然在漢中失利時，以惑亂軍心罪，把楊修殺死。

在慶祝登陸月球成功的記者會中，有一個記者問了奧德倫一個很特別的問題：「由阿姆斯壯先下去，成爲登陸月球的第一個人，你會不會覺得有點遺憾？」在全場有點尷尬的注目下，奧德倫很有風度地回答：「各位，千萬別忘了，回到地球時，我可是最先出太空艙的。」

他環顧四周笑著說：「所以我是由別的星球來到地球的第一個人。」大家在笑聲中，都給予他最熱烈的掌聲。

奧德倫大度而不失幽默的回答，獲得了人們的敬仰。幾百年之後，我們還依然需要奧德倫那樣的美德——玉成他人，真誠分享朋友的快樂，不讓塵屑般的憂煩懊惱侵擾潔淨如蓮的心懷。

忌妒心太強的人，往往只注意到別人某方面有著比自己強的優勢，很少看到自己的優點，只是拿自己的短處去跟別人的長處相比較，因此爲了獲得心理上的平衡，他們就在不斷貶低自己，同時他還設法去阻止別人的進步，使自己陷進了一種難以自拔的心理陷阱。我們必須面對人與人之間的差別，消滅自私的心理，只有努力，才是唯一的出路。

有個人有幸遇見了上帝，上帝對他說：從現在起，我可以滿足你任何一個願望，但有一個條件，就是我必須給雙份於你的鄰居。那人聽了喜不自禁，但又隨之猶豫了，心想：要是我得了一份田產，那鄰居就要得兩份田產；要是我得了一箱金子，那他就會有兩箱金子；

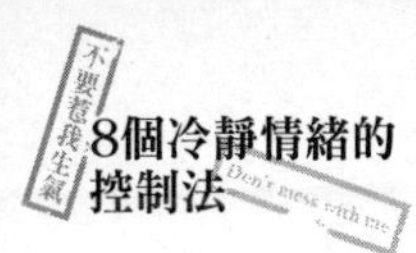

更要命的是，要是我得了一位絕色美女，而那個注定要打一輩子光棍的鄰居，會同時擁有兩位絕色美女。那人絞盡腦汁想來想去，還是沒有想出好辦法。最後，他咬牙對上帝說：「萬能的主啊！請挖去我的一隻眼珠吧！」

我們每個人之間的差別可以透過主觀努力達到量變或質變，我們可以靠自己的努力，化貧窮爲富裕。只要我們充滿信心。但是如果讓人類的弱點繼續下去，所有美好的東西，將會成爲嫉妒的殉葬品。

微笑面對別人的中傷

▼▼▼生活中的你會為了朋友不經意的一句話而苦惱嗎？甚至一直追問對方，為什麼這樣說。甚至因為這句話，連食慾也減少了，也開始出現失眠的症狀了。

如果出現上述症狀，你就被批評之劍傷害到了。那麼怎樣才能避免傷害呢？

早在一九〇九年，風度優雅的布洛親王就覺得這麼做極有必要。布洛親王當時是德國的總理大臣，而德國皇帝則是威廉二世，德國的最後一位皇帝，他傲慢而自大，他建立了一支陸軍和海軍，並誇口可征服全世界。

接著，一件令人驚異的事情發生了。這位德國皇帝說了一些狂言和一些令人難以置信的話，震撼了整個歐洲大陸，引起了全世界各地一連串的風潮。更爲糟糕的是，這位德國皇帝竟然公開這些愚蠢自大、荒謬無理的話，他在英國作客時，就這麼說，同時不允許倫敦的

《每日電訊報》刊登他所說的話。例如，他宣稱他是和英國友好的唯一德國人。他說，他建立一支海軍對抗日本的威脅；他說，他獨自一人挽救了英國，使英國免於臣服蘇俄和法國之下；他說，由於他的策劃，使得英國羅伯特爵士得以在南非打敗波爾人等等。

在一百多年的和平時期中，從沒有一位歐洲君主說過如此令人驚異的話。整個歐洲大陸立即憤怒起來，英國尤其憤怒，德國政治家驚恐萬分。在這種狼狽的情況下，德國皇帝自己也慌張了，並向身為帝國總理大臣的布洛親王建議，由他來承擔一切的責難，希望布洛親王宣佈這全是他的責任，是他建議君王說出這些令人難以相信的話。

「但是，陛下，」布洛親王說，「這對我來說，幾乎不可能。全德國和英國，沒有人會相信我有能力建議陛下說出這些話。」布洛話一說出口，就明白犯了大錯，皇帝大為惱火。「你認為我是一個蠢人，」他叫起來，「只會做些你自己不會犯的錯事！」

布洛知道他應該先恭維幾句，然後再提出批評；但既然已經太遲了，他只好採取次一步的最佳方法：即在批評之後，再予稱讚。這種稱讚經常會產生意想不到的效果。

「我絕沒有這種意思，」他尊敬地回答，「陛下在許多方面皆勝我許多，而且最重要的是自然科學方面。在陛下解釋晴雨計，或是無線電報，或是倫琴射線的時候，我經常是注意傾聽，內心十分佩服，並覺得十分慚愧，對自然科學的每一門皆茫然無知，對物理學或化學毫無概念，甚至連解釋最簡單的自然現象的能力也沒有。但是，」布洛親王繼續說，「爲了補償這方面的缺點，我學習了某些歷史知識，以及一些可能在政治上，特別是外交上有幫助的學識。」

皇帝臉上露出微笑。布洛親王讚揚他，並使自己顯得謙卑，這已值得皇帝原諒一切。

「我不是經常告訴你，」他熱誠地宣稱，「我們兩人互補長短，就可聞名於世嗎？我們應該團結在一起，我們應該如此！」

他和布洛親王握手，他十分激動地握緊雙拳說：「如果任何人對我說布洛親王的壞話，我就一拳頭打在他的鼻子上。」

如果光是說幾句貶抑自己而讚揚對方的話，就能使一位傲慢孤僻的德國皇帝變成一位堅固的友人，那你就可想像得到，在我們日常事務中，謙卑和讚揚對你我的幫助將有多大。

雖然不能阻止別人對我們進行不公正的批評，但我們卻可以做一件更加重要的事情：我們可以決定是否讓自己受那些不公正的批評的干擾。

名聞遐邇的心理學家史金諾經動物試驗證明，因好行爲受到獎賞的動物，其學習速度快，持久力也更長久；因壞行爲而受到處罰的動物，不論學習速度或持久力都比較差。研究顯示，這個原則用在人的學習行爲上也有同樣的結果。

因此，面對無情的批評時，我們自己要做好選擇，正確的批評我們要虛心接受，對於不切實際的批評，我們完全可以置之不理，千萬不要讓批評之劍傷害到自己。

被公認爲美國歷史上最偉大的總統林肯當選總統那一刻，使整個參議院的議員都感到尷尬，他們從未料到面對的總統是一個出身卑微的人——林肯的父親是個鞋匠。

於是，林肯首度在參議院演說之前，就有參議員要羞辱他。當林肯走上演講台的時候，有一位態度傲慢的參議員站起來說：「林肯先生，在你開始演講之前，我希望你記住，你是一個鞋匠的兒子。」這時，所有的參議員都大笑起來。

等到大家的笑聲結束後，林肯不亢不卑地說：「我非常感激你使我想起我的父親，他已經過世了，我一定會永遠記住你的忠告，我永遠是鞋匠的兒子。我知道我做總統永遠無法像我父親做鞋匠做得那麼好。」

參議院立刻陷入一片靜默之中，林肯轉頭對那個故意羞辱他的參議員說：「據我所知，我父親以前也曾經爲你的家人做鞋子，如果你的鞋子不合腳，我也可以幫你改正它，雖然我不是偉大的鞋匠，但是我從小就跟父親學會了做鞋這門手藝。」

然後他又用溫暖的目光對全場所有的參議員說：「對參議院裡的任何人都一樣，如果你們穿的鞋子是我父親做的，而它們需要修理或改善，我一定盡可能幫忙。但是有一件事是可以確定的，我無法像他那麼偉大，他的手藝是無人能比的。」說到這裡，林肯流下了眼淚，全場鼓起了雷鳴般的掌聲。

可見，面對別人的批評，我們要勇敢面對，我們更應如此。我們要努力改正自身的缺點，這樣在我們以後的人生道路上，我們才能夠走得更加平坦。

對於別人的批評我們要說「謝謝」。在現代社會，我們越來越難聽到批評的聲音，所以面對別人的指責，我們要說謝謝。對於不正確的批評，我們也要坦然接受，但是不要讓批評之劍傷著你自己。

用誠心建立人際關係

▶▶誠心是建立和諧人際關係的重要準則。誠實守信是中華民族優良的傳統美德，在社會主義條件下應當進一步發揚光大。

畫家威爾遜是個印花模板的製造商。他向一位設計師推薦他的作品時，歷時三年卻毫無結果，每次退回畫稿時都被告知：「這圖案我不欣賞。」後來威爾遜帶了幾張沒有完成的畫稿去，說：「我不知道該如何完成，請你給我指點指點。」對方說：「先把你的畫放在這裡，兩三天之後再來。」結果，威爾遜尊重設計家的意見，並按他的意見完成畫稿。那位先生不僅購買了大批畫，還與他結下了深厚的友誼。

由此可見，在人際交往中，我們不僅要真誠坦率地表達自己的感情、意願，同時應當維護自己的正當權利。

俗話說，心誠則靈，精誠所致，金石爲開。只有大家彼此坦誠相待，將心比心，交集的範圍才能加大，彼此之間才能有共識，這樣才更容易溝通，從而建立良好的人際關係。任何人凡事只想到自己而不想到他人，必然被視爲自私自利而得不到他人的賞識。生意場上也是如此。提多瑪也正是透過坦誠相待，才結交了很多朋友，化解了很多矛盾。

美國提多瑪毛織公司是世界上有名的大公司。剛成立不久時，一位顧客衝進董事長提多瑪的辦公室說：「職員來函催款，說我欠公司十五美金，根本沒這回事。」他專程從芝加哥飛到紐約來爭論，並且說要和該公司斷交。等他說完後，提多瑪和顏悅色地說：「您特意從芝加哥趕來，我真得不知道該如何感謝您，對於下屬的打擾，我由衷抱歉。實際上，應該我去訪問您才對。而且錯誤也許是發生在我們這邊，這十五美金就算了吧。」說完，向他推薦另一家信譽相當好的公司，並與他共進午餐。午餐後，這位顧客竟主動提出向公司訂貨的要求。回芝加哥後，這位顧客冷靜查帳，發現確實是自己的錯誤，就補寄了十五美元支票和道歉信。此後，他生了一個女兒，居然起名爲提多瑪。在以後二十三年中，他仍然與提多瑪往來密切，成爲了一對好朋友。

提多瑪在工作中就注意和顧客搞好關係，用誠心對待顧客，真心從顧客的角度出發考慮問題，即使自己吃虧了，也堅持不讓顧客吃虧。付出就有收穫，他的真心爲他贏來了很多朋友。

能成大事的人必將要用誠心對待他人。不會自恃自己的地位，盛氣凌人，任何時候都要把自己當作普通的一員。

馬援是東漢的開國名臣，也是中國開疆拓土的一代名將。年輕的時候家裡很窮，便到邊疆進行屯墾畜牧。發了大財後散盡家財周濟親友，然後在天下大亂之中，便前往投靠槐囂，很得槐囂敬重。

當時的槐囂佔據今天陝西省西部、甘肅南部之地，未稱帝，自稱西州大將軍。而劉秀佔據河南之地，蕩平河北，擊跨了佔據長安的赤眉軍，稱了皇帝。公孫述佔據巴蜀之地，也稱了帝。槐囂派馬援去觀察兩位皇帝，尋找結盟的對象。

馬援與公孫述是同鄉，自小相好，所以到了成都，本以為兩人會不拘形式地閒話家常，追憶兒時。沒想到的是，公孫述卻表演了一場飛黃騰達秀給老朋友看，高坐在金鑾寶殿之上，武士林立，一派威儀。馬援參拜皇帝之後，再換上舊友相見之禮，讓馬援更換新衣，再在皇家祭廟中與文武百官接駕，特設舊友之位，並封馬援大司馬的高位。

誰知，馬援並不領情，拒絕留下。

然後，馬援又來洛陽見劉秀。等了很久，才被引入宮中，劉秀穿著平民服裝，在走廊裡笑臉相迎。坐定之後，馬援說：「公孫述和我自幼相識，卻嚴密戒備才傳我上金鑾寶殿。現在我遠道而來，陛下怎知道我不是刺客，竟趕如此簡單地與我見面。」劉秀說：「你不是刺客，但你卻是說客。」馬援爲之折服。

其實，馬援想看到很簡單，就是誠心而已。有些人不管自己的官位高低，自始至終都能以誠心對待周圍的人，但是有的人則不同，官高了，架子也大了，對待故友，也就失去了往日的誠心，要麼想要顯示自己的威風，要不就是拒之門外。

人生活在世上，本來就有很多不定因素。人都有旦夕禍福。所以只有坦誠地對待別人，真正贏得朋友的心，朋友才會在你危機的時候幫助你，否則，一旦你跌入低谷，他們就會避而遠之。青少年之間的交往也是一樣。只有自己先有了誠心，才能去設法說服別人。

心胸狹窄難成大事

我們每個人都有爭強好勝的心理。看到別人成功而我們自己仍然是平平常常的凡人一個，我們心裡會不會感到不舒服呀？看見別人住在寬闊舒適的環境中，而我們仍然住在十幾年前的老房子裡，我們心裡是不是很不是滋味呢？

我們妒忌，我們埋怨。其實，作爲一個真正的強者，他或許不能容忍有別人比自己強，但他們的不能容忍和心胸狹窄之人的不能容忍是完全不一樣的。

真正的強者，他的目標是要做到最好，他不能接受自己處在第二的位置，所以當他發現有人比自己強的時候，他會採取一種積極的態度，努力提升自己的實力，使自己成爲最強的。他們激發自我潛能，透過對自我的超越來超越別人，使自己永遠走在別人的前面，永遠立於不敗之地。

但是，心胸狹窄的人，自己知道自己並不是最強的，但是他並不能接受在自己的視野範圍之內有人比自己強。發現別人比自己強，他就會心煩意亂，只知道盤算如何削弱對手，而不是從提高自己的角度著手。

心胸狹窄的人的風格就是壓制別人。透過壓制來使別人不能超過自己，使自己永遠保住第一。

東晉的大將褚裒，有一次坐船去送一位客人回浙江，晚上投宿在錢塘縣的驛亭中。可是不巧，這天晚上錢塘縣令也正好送客人來到這裡，亭吏不認識褚裒，所以為了招待縣令，就把褚裒趕了出去。褚裒既不解釋，也不爭辯，拿起行李就到江邊的牛屋住下了。不久，錢塘潮水漲起，縣令沈充觀潮來到此處，遠遠地看見牛屋裡竟住著人，就感到很奇怪，忙問亭吏是怎麼回事。亭吏如實回答說：「昨天有一個北方人來投宿，因為你們這些嘉賓光臨，所以只好叫他住在那裡了。」沈充於是傲慢地叫道：「嘿，北方佬，過來吧，快快報上你的姓名，我可以給你一些餅子吃。」褚裒大小也是個人物，受到別人如此嘲弄，心裡的滋味可想而知了。可他還是不亢不卑地回答：「我是河南的褚裒。」短短的一句話，一下子就把沈充鎮住了。沈充當然知道褚裒的大名，現在把褚裒冒犯了。他非常恐慌，很希望褚裒能痛斥自己和那個亭吏一頓，但他見褚裒一句責難的話也不說，只好命令手下的人鞭打亭吏，但沒想到卻被褚裒阻止了，於是他又只好吩咐手下殺雞宰羊，盛宴款待褚裒，並負荊請罪。褚裒爲了不使沈充難看，毫不猶豫地赴宴。酒宴上，沈充一個勁兒地賠不是，褚裒卻表現得毫不計較。

沈充的心胸狹窄和褚裒的寬容大度形成了截然的對比。

法國著名作家雨果說過：「世界上最寬闊的是海洋，比海洋更寬闊的是天空，比天空更寬闊的是人的心靈。」中國人津津樂道：「將軍額上能跑馬，宰相肚裡能撐船」，「風物長宜放眼量」，「留得青山在，不怕沒柴燒。」心胸寬廣的人善於站在對方的立場著想，善於設身處地地爲別人著想，尊重他人，用自己開闊的心胸容納別人，原諒別人對自己的傷害。狹隘的人則常常對自己的錯誤熟視無睹。

有個太太多年來不斷地抱怨對面的太太懶惰。「你看，那個女人的衣服永遠也洗不乾淨，看，她晾在院子裡的衣服，總是有斑點。我真的不知道，她怎麼連洗衣服都洗成那個樣子。」直到有一天，有個明察秋毫的朋友到她家，才發現不是對面的人衣服洗不乾淨。細心的朋友拿了一塊抹布，把這個太太的窗戶上的灰漬抹掉，說：「看，這不就乾淨了嗎？」原來是自己家的窗戶髒了。

從心理學角度來看，狹隘往往是因爲一個人由於各種因素而產生輕視自己的情緒，認爲自己各方面都不如他人的情緒體驗，所以爲了不暴露自己的缺陷，只有諱病忌醫的態度，像鴕鳥那樣，總是千方百計地把頭和前身躲藏起來，而不顧露在外面的屁股。

狹隘的人對別人抱有成見，總愛戴著有色眼鏡去看周圍的人和事物。看到什麼不順眼的，就憤世嫉俗，覺得命運對自己不公平。總是愛把錯誤推給別人。

曹操雖然是一個有能力的人，但是也免不了有心胸狹窄的弱點。他成就了一番大事業，也因心胸狹窄，而葬送了他手下一些傑出的人才。

楊修爲人恃才傲物，屢屢遭到曹操的嫉妒。有一次曹操建了一座花園，曹操看過之後不置可否，只取筆在大門上寫了一個「活」字就走了。大家都不明白這是什麼意思，只有楊修說道：「門字裡面塡一個活字，就是一個闊字，丞相是嫌大門建造得太闊了。」於是工匠重新修建了大門，又請曹操來看。曹操看過之後大喜，問道：「是誰知道我的心意？」左右人說是楊修，曹操稱讚了楊修的聰明，但是心裡卻很嫉妒。

又有一次，塞北有人送來了一盒酥，曹操在盒子上寫了「一合酥」三個字，把盒子放在案上。楊修看見了，就拿勺子和大家把酥分食了。曹操問他原因，楊修說道：「盒子上明寫著一人一口酥，我怎敢違抗丞相的命令。」曹操雖然笑了起來，但是心裡卻特別討厭楊修。

曹操唯恐別人會趁自己睡覺時加害自己，常常吩咐左右道：「我夢中喜歡殺人，我睡著的時候大家不要靠近。」一天白天，曹操在帳中睡覺，被子掉在地上，一個侍衛過來幫曹操把被子蓋好。曹操跳起來，拔劍殺了侍衛，又上床繼續睡覺。醒來之後，曹操故意驚問道：「是誰殺了侍衛？」左右把實情告訴了他，曹操痛哭，命令厚葬侍衛。從此大家都相信曹操會在夢中殺人。但只有楊修知道曹操的真實用意，在埋葬侍衛時歎息道：「丞相不在夢中，你才是在夢中呢！」曹操知道了越來越厭惡楊修。

後來楊修又利用自己的聰明才智幫助曹植爭奪王位的繼承權，這次越發引起曹操的不滿。

一次，曹操在與劉備征戰的時候處於下風，兵退斜谷，進退不能，猶豫不決，恰好廚師端上雞湯來，曹操看見湯中有雞肋，不禁有感於懷。正在沉吟之時，夏侯楙進帳請示夜間的口令，曹操隨口道：「雞肋，雞肋。」夏侯楙便傳令官兵，以「雞肋」為號。楊修聞號令是「雞肋」，就教隨行的士兵收拾行裝，準備歸程。有人告訴夏侯楙，夏侯楙大驚，問楊修為什麼要收拾行裝。楊修道：「透過今晚的號令，就知道魏王不幾天就要退兵了。雞肋這個東西，吃起來沒什麼肉，丟了又可惜。現在我們進攻不能取勝，退兵又怕被人笑話。在這裡沒什麼好處，不如及早回去。來日魏王必定班師，所以先收拾行裝，免得臨行慌亂。」夏侯楙道：「你真是瞭解魏王的心意啊！」於是寨裡大小將士，無不準備歸計。

當夜曹操心亂，睡不著覺，就悄悄到營中巡視，只見將士們都在收拾行裝，趕緊叫夏侯楙來問其緣故，夏侯楙便說主簿楊修知道大王想退兵的意思，曹操叫來楊修詢問，楊修把雞肋的意思告訴曹操，曹操大怒：「你怎敢胡言，亂我軍心！」就命令刀斧手將楊修推出斬首示眾了。

楊修的才能，引起了曹操的嫉妒，最後招來殺身之禍呀。

從上面的例子可以看出來，和心胸狹窄的老闆在一起，會有一種防不勝防的感覺，因爲你不知道你什麼時候就會得罪他，也不知道你做什麼就會的得罪他，更不知道什麼時候他就會對你展開報復。

所有心胸狹窄的人，最顯著的特點就是不能容忍別人比自己強。他們自我的特性決定了他們的世界裡只能有他們自己。如果有別人比他們強，他們就會感覺自己成了別人的陪襯，這是他們萬萬不能接受的。

有一次，一個很傲慢的觀眾在演出的幕間休息時，走到俄羅斯著名的馬戲丑角杜羅夫身旁，譏諷地問道：「丑角先生，觀眾對你非常歡迎吧？」「還好。」「是不是如果想在馬戲班中受到歡迎，丑角就必須具有一張愚蠢而醜怪的臉蛋呢？」「確實如此。」杜羅夫回答說，「如果我能生一張您那樣的臉的話，我一定能拿到雙薪。」

心胸狹窄的人往往喜歡妒忌別人，喜歡嘲弄別人，這樣來減輕自己心中的痛苦。更爲嚴重的人，甚至寧可犧牲自己的利益，也不能看見他妒忌的人獲得勝利。這樣做的結果只能是損人而不利己，害人害己。下面就是一個這樣的例子。

有一個不甘安於現狀的農民，對自己的玉米田收成很不滿意，於是四處打聽，買來優質玉米種子，果然獲得了大豐收。他的鄰居在羨慕之餘，都託他幫助買這種新種子，可是這個農民爲了保住自己的優勢，拒絕了鄰居們的要求。不知爲什麼，從第二年開始，他的玉米收成差了，到了第三年產量更是明顯減少，最後他終於找到了原因，原來他的優質玉米，接受的卻是鄰居地裡劣等玉米的花粉。

心曠福之門，心狹禍之根。心胸坦蕩，不以世俗榮辱爲念，就不會爲世俗榮辱所累，活得輕鬆、瀟灑、磊落。心胸狹窄，一事不順，一句話不順，就耿耿於懷。整日鬱鬱，常年憂慮。

每個人或多或少都有嫉妒之心，偉人也不例外。誰能想到，拿破崙也有嫉妒之心，而且他所付出的代價也是驚人的。正是因爲他心胸狹窄，失去了世界霸主的地位，以失敗而結束了他傳奇的一生。

兩個世紀前的某一天，美國發明家富爾頓來到了金碧輝煌的凡爾賽宮，他剛發明了蒸汽機鐵甲戰船，正興致勃勃地向拿破侖建議，用之取代當時法國的木製艦船。毫無疑問，蒸汽機鐵甲戰船比木製戰船要先進得多，威力也不可同日而語。眼看拿破侖就要被富爾頓說動，準備採納富爾頓的建議時，拿破侖臉色突變，兩眼放出難以抑制的怒火，眼睛直逼向富爾頓。合作失敗了，而莫名其妙的富爾頓也許永遠不會知道，他失敗的原因完全在於他毫不在意地順口恭維了拿破侖一句：「偉大的陛下，您將成為世界上真正最高大的人！」在這裡，富爾頓想表達的是「高貴」、「崇高」的意思，但他一不留神把法語的「高貴」、「崇高」一詞說成了「高大」，恰恰富爾頓自己身材高大，這一下正好擊中了拿破侖最自卑、最害怕被別人嘲笑的短處——個子很矮。

拿破侖既自卑又嫉恨，他對高個子富爾頓喊道：「滾吧，先生，我不認為你是個騙子，但認為你是十足的蠢貨！」之後，富爾頓的發明專利被英國購買，自此英國憑借強大的海軍，確立了世界海上霸主的地位，法國卻遠遠落在了後面。直到上個世紀三〇年代末，愛因斯坦在建議美國總統羅斯福迅速研製原子彈的信裡，才又一次重提舊事：「總統先生，如果一八〇三年拿破侖接受了你們的富爾頓關於建造蒸汽機軍艦的建議，今天的世界格局將不會是這樣！」

拿破侖僅僅因爲容忍不了別人無意間使用了「高大」一詞，就拒絕了一項偉大的發明，失去了一個稱霸世界的絕好機會。

狹隘的人缺乏友善和寬容之心，容不得別人超過自己。如果你是一個真正的強者，你會像一棵大樹一樣，微風拂過，對你沒有影響；相反，一個心胸狹窄的人卻像是一株小草，微風拂過，也能使他們前俯後仰，方寸大亂。

開放自閉的心靈

一位心理學家曾說：自閉，往往是一種長期形成的習慣，並被這種習慣緊緊束縛住靈魂。一個人如果不能突破自閉，他就會生活在自設的「固執」中或者拘泥於習慣的陷阱中不能自拔。

有這樣一個經典的故事。約翰和湯姆是相鄰兩家的孩子，他倆從小就在一起玩耍。約翰是個聰明的孩子，學什麼都是一點就通，他知道自己的優勢，自然也頗爲驕傲。湯姆的腦子沒有約翰的靈光，儘管他很用功，但成績卻難以進入前十名，與約翰相比，他從心裡時常流露出一種自卑感。然而，他的母親卻總是鼓勵他：「如果你總是以他人的成績來衡量自己，你終生也不過只是一個追逐者。奔馳的駿馬儘管在開始的時候總是呼嘯在前，但最終抵達目的地的，卻往往是充滿耐心和毅力的駱駝。」

聰明的約翰自認爲是個聰明人，但一生業績平平，沒能成就一件大事。而自覺很笨的湯姆卻從各個方面充實著自己，一點點地超越著自我，最終成就了非凡的業績。約翰憤憤不平，以至鬱悶而終。他的靈魂飛到了天堂後，質問上帝：「我的聰明才智遠遠超過湯姆，我應該比他更偉大才是，可是爲什麼你卻讓他成爲了人間的卓越者呢？」

上帝笑了笑說：「可憐的約翰啊，你至死都沒能弄明白：我把每個人送到世上，在他生命的種子裡都放了同樣的東西，只不過我把你的聰明放到了種子的前面，你因爲看到了自己的聰明而沾沾自喜，以至誤了你的終生。而湯姆的聰明卻放在了種子的後面，他因看不到自己的聰明，總是在仰頭看著前方，所以，他一生都在不自覺地邁步向上、向前！」

約翰自己認爲自己是一個聰明的人，總是生活在自己的小圈子裡，卻不曾看到周圍人的進步，以爲自己永遠都是最好的，豈不知道已經遠遠落在了後面。湯姆天資雖差，但是他勤勤懇懇，在他母親的鼓勵下，終於取得了大的成就。倘若他也把自己封閉起來，終日被煩惱所困，結果將可想而知。

那麼，我們應該怎麼樣走出自閉呢？

一、要意識控制

當你不願與別人相處時，當你想把自己關閉起來的時候，要用意識控制自己，提醒自己應當保持理性。有涵養的人一般能做到控制。

二、自我鼓勵

用某些哲理或某些名言來安慰自己，鼓勵自己跟痛苦、逆境作抵抗。

三、語言調節

語言是影響情緒的強有力工具。自我命令、自我暗示，也能調節自己的情緒。

四、環境制約

環境對情緒有重要的調節作用。情緒壓抑的時候，到外邊走一走。心情不快時，到娛樂場玩玩遊戲。

五、學會安慰

當一個人追求某個目標而達不到時，爲了減少內心的失望，可以找一個理由來安慰自己。這不是自欺欺人，偶爾作爲緩解情緒的方法，是很有好處的。

六、學會轉移

當火氣上來時，有意識地轉移話題來分散注意力，便可使情緒得到緩解。打打球、散散步、聽聽流行音樂，都有助於轉移不愉快情緒。

七、學會宣洩

遇到不愉快的事情，不要埋在心裡，要向知心朋友或親人訴說出來或大哭一場。這種發洩可以釋放內心鬱積的不良情緒，有益於保持身心健康，但發洩要適當，避免傷害別人。

八、走進大自然

大自然的奇山秀水常能震撼人們的心靈。登上高山，會頓感心胸開闊。放眼大海，會有超脫之感。走進森林，就會覺得一切都那麼清新。這種美好的感覺都是良好情緒的誘導劑。

幽默是一種特殊的情緒表現。具有幽默感，可使人們對生活保持積極樂觀的態度。許多看似煩惱的事物，用幽默的方法對付，往往可以使人們的不愉快情緒蕩然無存，變得立刻輕鬆起來。

跳出自私的籬笆

▼▼▼友誼淡如茶，愛情濃似酒，好茶清香解渴，好酒芳醇醉人。朋友之間應該團結互助，切不可有自私的心理。

我們每個人都會有自私的情況。期末前，你得到了上一學年期末考試的試卷，你的好友向你借時，你卻假裝不知道此事，爲的是考試時不讓他超過你。這就是你自私的表現。自私是人的本性。現在的社會，人與人之間的交往頻繁，如果你太自私，就會脫離了朋友的隊伍，就會感到孤單。因此，自私要有一定的限度，我們要跳出自私的籬笆。有這樣一個故事：

很早以前，有一個尋求開悟的尼姑，雕刻了一尊佛像，並包上了金箔。佛像非常漂亮，這個尼姑無論走到哪裡，都要把佛像帶在身邊。

每天，她都在自己的佛像前燒香。可是時間一長，她發現香氣都飄向其他的佛像。於是，她設計了一個漏斗，透過漏斗，香氣只會飄向她自己的佛像。可是沒幾天，香氣就燻黑了金裝佛像的鼻子，使佛像變得特別難看。

由此可見，我們不能那麼自私。太過自私，不但別人得不到好處，我們自己也會受到損失。

我們再來看看「蛋糕理論」。就一個已經生產出來的蛋糕而言，必然是資本家分得愈多，工人分得愈少；反之，工人分得愈多，資本家分得愈少，這是無法改變的。然而，這個定量蛋糕的分配能夠引起生產下一個蛋糕量的變化。如果在現有蛋糕的分配上，資本家分得太多，工人分得太少，那就會因爲這次的分配挫傷了工人的生產積極性，下一個蛋糕可能生產得更小，這就意味著下一次蛋糕的分配，資本家就很難分得比上次更多的蛋糕。相反，如果他這次分得相對少些，給工人分得相對多些，由於刺激了工人的生產積極性，下一次蛋糕生產得更大，這樣，工人可能比上次分得更多，資本家也分得更多。人追求最大利益，資本家追求的是總產品的總利潤，他懂得「一五得五」，但他更明白「二四得八」。

所以，資本家尚且沒有那麼自私，我們又何必對事情斤斤計較呢？

事實上，任何東西都不能過分計較，太注重個人得失。我們與人交往也是一個道理，愛也不能過分自私。愛應該像陽光一樣去普照，像空氣一樣去流動，像雨水一樣去滋潤。只有這樣，那愛才是最真樸、最純潔、最虔誠的。試想，如果讓陽光只沐浴在你一人身上，讓空氣只集中在你一個人的房間，讓雨水只降落在你一個人的天地，那將會是一種什麼樣的後果?有這樣一個例子。

一次，洪的妻子將出門訪友，洪突然問她，怎樣解釋「愛」。

妻子笑道：「你寫了十幾年的文章，連這個問題都沒有弄清楚，豈不是哄騙讀者。」

妻子的眸子一轉，從梳妝台上拿一瓶香水，放在洪的手上，說：「給我灑一灑。」

頓時，室內瀰漫著芳香。洪說：「香水我給你灑了，可是，你還沒有解答我的問題。」

「就在你灑香水的時候，我就已經解答了你的問題。」

沉思片刻，洪恍然大悟，原來妻子告訴他了一個真理。愛就像一瓶香水，灑在別人身上，也香著了自己。

愛是人類的甘露，生命的清泉。沒有愛，我們就無法認識和理解別人，也無法與人友好共處。然而，如果這種愛蓋上了自私的印記，就會產生妒恨，人與人之間的交往，就會有一種與「狼」共舞的恐懼。

自私的人總是以自我爲中心，希望所有的幸運，都只降在自己的身上，所有的厄運都落在別人的肩膀上，只關心自己的得失不顧惜別人的死活。只希望自己比別人好，否則，就會埋怨世道不公，想盡辦法去壓倒別人，甚至損人利己。

其實愛就是把心割碎，分贈給他人。這樣，你會贏得更多的朋友。多一個朋友多一個世界，你就不再是孤寂的獨行人。

害羞影響你的交際

害羞或者內向，是一種正常的生理現象。但是在這個越來越需要交流和表達的世界裡，我們應該避免害羞影響我們的交際，要學會展現自己。

五歲的朵朵喜歡跑、跳、爬各種活動，所以當他說出希望參加足球隊的時候，媽媽很興奮地爲他找到了一個非常合適的運動場。但是當一家三口終於從塞車的困境中逃離出來，滿懷興奮地趕到運動場的時候，朵朵忽然像變了一個人一樣，安靜地站在媽媽的腿邊，眼睛四處打量著，任憑教練員點頭哈腰，小朋友們熱烈歡迎，他都始終不肯邁出一步。「我不想踢球了……」最終，他嘴裡咕噥著，然後就把爸爸媽媽晾在原地，一溜煙跑回了車邊。

他們給他報名各種活動、參加各種聚會，甚至把小朋友們邀請到自己家中，試圖幫助朵朵敞開心扉，但是他總是靜靜地藏在陰影裡。

其實，害羞並沒有什麼不好，它可以減少危險的發生，可以間接練習孩子的觀察能力，而且害羞的孩子同樣能夠很好地建立起自己穩固的社交圈，只是他們或許需要更長一點時間。

但是現在是一個快節奏的社會，人們往往透過第一印象來接納或者排斥別人。這也就是為什麼有人說好學校的孩子都是性格外向、善於表達的，因為那些害羞的孩子在面試時就已經被拒之門外了，他們的優秀沒有機會得到展現。當我們發現自己害羞時，也不要太在意，認為整個世界都是黑暗的，只要我們以積極的心態合理應對就好了。只要我們透過一些合適的鍛鍊，就可能會變得比原來樂於接受新事物，結識新的朋友。

羞怯的根源在於看不到自己的優點，總認為自己無能，害怕給別人留下不好的印象。實際上，任何人都有自己的長處和短處，只要學會欣賞自己，增加交往的勇氣，就會表現得更加出色，也會博得更多人的喜愛和肯定。一味地在意別人的看法，只會限制了自己，使羞怯心理越來越嚴重。

當出現不安時，可以不斷地給自己積極的暗示：「沒有什麼可怕的。」採用這種方法，可以克服羞怯的心理。克服羞怯的心理可以採用循序漸進的方式，先在自己熟悉的環境中鍛鍊與人交往，然後再逐步增加情境的陌生性。例如先在家裡和父母聊天，然後再在大庭廣眾的場合，全神貫注地做自己的事情。

我們應該怎樣做才能盡快擺脫這種情緒呢？

一、多參加社會活動

多參加一些爲青少年組織的「社交活動」，如節日慶典、趣味競賽或者藝術展覽、玩具展示等等。但是一般來說，這些活動都是嘈雜無序的，所以你要盡量提前到場，從活動的一開始就參與。

二、邀請同學到家中做客

可以把同學邀請到家裡做客，「主場作戰」對於害羞的人來說會更安心一些。聚會的時候，團體活動要強於一個接一個地單獨表演節目，因爲後者將使你直接面對所有人。這種聚會要事先預備好充足的遊戲和玩具，確保將聚會進行到底。當你對這種活動不再畏懼時，你就可以嘗試改變場所，比如到公園、體育館或者別的同學家裡繼續進行。

三、選擇適合的才藝班

透過上這種才藝班，可以讓你有更多的接受社會的機會，更好地鍛鍊自己。但是，在上課的時候也要注意，以避免一開始造成很大的壓力。

四、多參加親友的團聚

歡聚一堂的場面可能會使你惶恐不安，即使其中多數人你都熟悉。所以當你預備去姑姑嬸嬸外婆家，或者參加舅舅的婚禮之前，可以提前準備一下，先瞭解清楚那會是一個什麼樣的人等。

五、觀察成人間的交往

我們可以透過觀察成年人之間的活動，來減少我們內心的羞怯。比如，進商場的時候，可以幫助身後滿載而歸的顧客推動轉門；在超市的時候，可以接過收銀員找的零錢並且說「謝謝」等等，這些事都可以鍛鍊和提高他自信。

羞怯的人想擺脫羞怯，其結果是越想擺脫，反而表現得越明顯。因此，要接納羞怯的方法就是採取「隨它去」的態度，認識到很多人都可能有這種體驗，這樣反而有助於使自己放鬆下來，克服羞怯心理。

每個人都有羞怯的時候，偶爾的羞怯在所難免，我們要克服社交的羞怯心理。

保持一顆謙虛的心

▼▼▼我們都知道成熟的稻穗永遠是低著頭的，一幅謙恭謹慎的姿態，其實他的份量卻是沉甸甸的，我們就需要學習稻穗的這種心態，低調做人，高調做事。

我們年輕人身處一個陌生的環境，謙虛行事是必不可少的。在沒有充分瞭解情況下的情形下，急於表現自己的所知所能，不但不能讓別人對你刮目相看，還容易弄巧成拙，給人鋒芒畢露的感覺，容易讓人產生厭惡感。

一位出身富有的學生趾高氣揚地向班裡的同學們誇耀，他家在雅典擁有一望無邊的肥沃土地。當他口若懸河大肆吹噓的時候，他的老師拿出一張世界地圖，對他說：「麻煩你指給我看看，亞細亞在哪裡？」

「這一大片全是。」這學生指著地圖洋洋得意地回答。

「很好。那麼，希臘在哪裡？」老師又問。

學生好不容易在地圖上將希臘找出來，但和亞細亞相比，希臘太小了。

「雅典在哪裡？」老師接著問。

「雅典？就更小了，好像是在這兒。」學生指著地圖上的一個小點說。

老師看了看學生，說：「現在請你再指給我看，你家那一望無邊的肥沃土地在哪？」

學生尷尬地滿頭大汗，因爲他當然不可能會在地圖上找到他家那一片肥沃的土地。

所以，不管我們擁有什麼，擁有多少，都只不過是擁有極其渺小的瞬間。無論何時何地，我們都應保持一顆謙卑的心。這就要求我們要善於多學、多問、多瞭解。

一個人對自己應該有個客觀的評價，實事求是，既不貶低自己，也不抬高自己；既能堅持自己正確的觀點，又能虛心向別人請教。謙虛的人才能有很多朋友的，也只有謙虛的人才會成爲社會交往中受歡迎的人。

三國的呂岱位高權重，名聲顯赫，但能虛心聽取批評意見。他的朋友徐厚爲人忠厚耿直，常常毫不留情地批評呂岱的缺點。呂岱的部屬對徐厚不滿，認爲徐厚太狂妄，並將此告訴了呂岱。可是呂岱反而更加尊重和親近徐厚。徐厚死後，呂岱失聲痛哭，邊哭邊訴：「徐厚啊！以後我從哪兒去聽到自己的過失啊！」

俗話說，人譽我謙，又增一美；自誇自敗，又增一毀。

謙虛者總認爲自己的長處是有限的，他將自己置於規範、法紀所約束的範圍。謙虛是一種克己，是在自己心中努力設置貪慾的堤防。一般來說，越是見多識廣，越是素養高雅者，就越是謙虛。這樣的例子數不勝數，

「一切真正的偉大的東西，都是淳樸而謙遜的。」世上凡有真才實學者，凡是真正的偉人俊傑，無一不是虛懷若谷、謙虛謹慎的人。

俗話說：「謙虛是一個人的美德和修養。」謙虛使人進步，驕傲使人落後。人無論做什麼事情，都應該虛心地接受別人的讚美和批評。世界著名球星——馬拉度納說：「告訴你們的孩子們，讓他們崇拜有學問的人，不要崇拜我。我只讀過小學，只讀過小學的人是一頭驢子。」京劇大師梅蘭芳就爲我們樹立了一個榜樣。

京劇大師梅蘭芳也是一個很好的例子。他不僅在京劇藝術上有很深的造詣，而且還是丹青妙手。他拜名畫家齊白石爲師，虛心求教，總是執弟子之禮，經常爲白石老人磨墨鋪紙，全不因爲自己是名演員而自傲。

有一次齊白石和梅蘭芳同到一家人家作客，白石老人先到，他布衣布鞋，其他賓朋皆社會名流或西裝革履或長袍馬褂，齊白石顯得有些寒酸，不引人注意。不久，梅蘭芳到，主

人高興相迎，其餘賓客都蜂擁而上，同他握手。可是梅蘭芳知道齊白石也來赴宴，便四下環顧，尋找老師。忽然，他看到了冷落在一旁的老人，他就讓開別人一隻隻伸過來的手，擠出人群向畫家恭恭敬敬地叫了一聲「老師」，向他致意問安。在座的人見狀很驚訝，齊白石深受感動。幾天後特向梅蘭芳饋贈《雪中送炭圖》並題詩道：

記得前朝享太平，布衣尊貴動公卿。如今淪落長安市，幸有梅郎識姓名。

梅蘭芳不僅拜畫家為師，他也拜普通人為師。有一次他在演出京劇時，在眾多喝彩叫好聲中，他聽到有個老年觀眾說「不好」。梅蘭芳來不及卸裝更衣就用專車把這位老人接到家中，恭恭敬敬地對老人說：「說我不好的人，是我的老師。先生說我不好，必有高見，定請賜教，學生決心亡羊補牢。」老人指出：「閻惜姣上樓和下樓的台步，按梨園規定，應是上七下八，博士為何八上八下？」梅蘭芳恍然大悟，連聲稱謝。以後梅蘭芳經常請這位老先生觀看他演戲，請他指正，稱他「老師」。

只有謙虛的人才能贏得大家的尊重。如果一個人不夠謙虛，那麼他周圍也不會有真心真意的朋友。有句話說得很好：「只有竹子那樣的謙虛，牛皮筋那樣的韌性，烈火那樣的熱情，才能產生出真正的藝術。」人要謙虛，只有謙虛，才能使自己懂得如何去瞭解別人，尊重別人。國外也有很多謙虛的例子，從這些事例身上我們能學到很多做人的道理。

古希臘著名的哲學家蘇格拉底，不但才華橫溢，而且廣招門生，運用著名的啓發談話啓迪青年智慧。每當人們讚歎他的學識淵博，智慧超群的時候，他總謙遜地說：「我唯一知道的就是我自己的無知。」物理學家牛頓，發現了萬有引力定律，在熱學上，確定了冷卻定律，在數學上，建立了二項定理和萊布尼茲律，幾乎同時創立了微積分學，開闢了數學上的一個新紀元。他是一位有多方面成就的偉大科學家，然而他非常謙遜。對於自己的成功，他謙虛地說：「我只像一個海濱玩耍的小孩子，有時很高興地拾著一顆光滑美麗的石頭，真理的大海還是沒有發現。」

揚名於世的音樂大師貝多芬，謙虛地說自己「只學會了幾個音符」。科學巨匠愛因斯坦說自己「真像小孩一樣的幼稚」。法國化學家安德烈取得了化學成就時，他當選爲英國皇家學會會員，歐文斯學院專門爲他設立了有機化學的新教授職位，格拉斯大學選他爲名譽博士，這許多榮譽絲毫沒有改變他的謙虛爲人。

謙虛的品質在人的一生中多麼重要。我們在生活中遇到難題或是處理問題拿不準時，千萬不要不聞不問、不懂裝懂，而應主動大方地請教身邊的朋友，多和他們交流溝通，多看他們是怎樣做的，可以少走冤枉路。

面對生活壓力

工作時間太長，擔心失業，擔心家人。太重的壓力之下，緊張、鬱悶、恐懼、消沉也都接踵而來。我們給自己戴上了一個「緊箍咒」，它就是壓力。

人人都有壓力

▼▼我們常說「人無遠慮，必有近憂」，這表示壓力是無時無刻的存在我們的四周，伴隨著我們成長的每一段時間。

青少年時有課業壓力；成年人時，有家庭和工作壓力；老年期，有退休、孤單、面臨死亡壓力。每個人的壓力儘管不同，但是，要想過沒有壓力的生活卻是不太可能的。

生活中的壓力來源儘管不盡相同，表現卻差別不大：

★孤獨感：感到與朋友和家庭疏遠

★精神不集中或記憶力喪失：經常感到困惑，理解力和記憶力下降

★不接電話：對其他人失去興趣，也不願意接受他人的關心

★疲倦和失眠：儘管經常感到疲倦，入睡卻非常困難

★情緒不穩：容易流淚，情緒變化不定，時而高興，時而沮喪

★不耐煩和易怒：因爲小事放棄某件事，或和周圍的人過不去，容易懷疑他們在背後指責我們。

★坐臥不安：幾分鐘也坐不住

★食欲不振：要嘛不吃不喝，要嘛猛吃

★害怕安靜：安靜使我們感到不安，但對雜訊也同樣難以忍受

俗話說「壓力就是動力」，適當的壓力能夠讓人把事情做得更好，可以幫助我們獲得最佳的表現，但對大多數人來說，壓力是許多疾病的起因。在壓力之下，我們並沒有把他當成「壓力」，而是把他稱爲「痛苦」。沒日沒夜的工作學習，與周圍的人關係不好，身心都受到很大傷害：

一、對健康的破壞

心血管、呼吸、內分泌、腸胃、生殖、免疫、神經失調、成癮、惡性腫瘤、頭痛等。

二、對情緒的影響

無法集中精力、焦慮、憂鬱、憤怒等。

對於生活中各式各樣的壓力，我們沒有辦法去選擇承受那一種壓力，但是我們可以決

定，用那一種方式去面對壓力，緩解壓力。

一、正確認識壓力

我們不但要瞭解壓力的來源，更要認識到壓力的本質。不僅要認識到它的消極面，還要認識到它的積極面。著名心理學家羅伯爾說得好：「壓力如同一把刀，它可以為我們所用，也可以把我們割傷。那要看你握住的是刀刃還是刀柄。」在面對壓力的時候，多對自己說一些：「我行！我不懼怕壓力！我喜歡挑戰！」，少對自己說一些：「我不行！我受不了了！我要崩潰了」。有太多的人在壓力面前怨天尤人、自憐自惜，這種脆弱的態度除了帶來失敗，沒有任何意義，壓力是動力還是阻力，主要還是源自於你自己對壓力的態度。

二、正確評價自己

不要過高地把自己定位於無所不能，也不要把自己看得一無是處。每個人都是有所能而有所不能，找到自己最擅長的那一點，把你的長處發揮到最大，你就因遊刃有餘而倍感輕鬆。永遠保持一顆平常心，不要把目標定得高不可攀，量力而行；不要時時處處與別人比，尤其是不要拿自己的短處與別人的長處比。別人一定有優越你之處，但也一定有不如你之處，不要太介意別人的看法。

三、少一些抱怨

現代社會的競爭比以往都更加激烈，這是一個適者生存的世界，生活中肯定是許多不公平、不合理之處，但對我們來說，這又是不可更改的事實。對這些不滿的抱怨雖然不會花很大力氣，但是也絕沒有一點作用。

Don't mess with me

經濟危機，你準備好了嗎？

看到了太多的大型公司倒閉，生活必需品價格變化大，但薪資非但不漲，有些還要緊縮，甚至還要面臨被裁失業的危險……

世界正在經歷的這場金融危機，前美聯準會主席葛林斯潘說這是百年來的大危機。新聞媒體天天都在報導關於經濟危機的新聞，金融危機遍佈在我們的日常生活之中！在這場大危機中，雖然程度有輕有重，但是整個世界都受到了影響。房地產價格下跌、金融機構紛紛破產、股市崩盤，投資、消費、外貿都大幅萎縮，我們

經濟危機已經到來，就在我們身邊，不同的人採取不同的態度來應對，親愛的朋友們，你準備好了嗎？危機影響到你了嗎？

應對經濟危機的貼心小建議：

一、正確看待經濟危機

誰也不希望經濟危機出現，就是出現了，人們也希望不要波及到自己。但是既然已經出現了，就要正確看待它。

經濟危機中，人們開始感覺到壓力增大，焦慮、恐懼、易怒、易暴躁、對未來失去信心……。每天看著周圍的人都在緊張中度過，天天都聽到：經濟形式不好、就業困難啊……，再聽到一些人自殺的新聞，難免會情緒低落，但是，對於全世界人們都在應付的危機，積極的思想更能讓自己快樂。

對於經濟危機來說，首先不能過分地擔憂，也不要過分地惶恐。大家都在面對，不是自己在孤軍奮戰。只要在危機的過程中，安安穩穩做好自己的工作，在大家都在慌亂中保持自己的一份清醒，老闆反而覺得你是可塑之才。另外，人們把「面子」看得比較重要，更容易在挫折時覺得「沒臉活下去了」。這也大可不必。

申小姐從哈佛大學讀完研究所回來，直接進了一家全球排名前五的銀行工作，金融危機之前，高收入又能接觸高階層的人，住的、用的、穿的都是名牌貨，羨煞了旁人，她也習慣了大家都仰起頭來看她，每次和大學同學聚會時她都是被人們誇獎的那個人。金融危機一到，雖然保住了工作，可是薪資卻縮水了許多，反倒比不上了原來有固定工作的同學，名牌貨買不起了，一開始她還不習慣，仍然秉承著原來的消費習慣，一個月薪水沒幾天就花完了，原來她一直認爲自己不會有什麼後顧之憂，又沒有什麼存款，所以只好開始借貸。而且，現在工作量加大了很多，一點也不敢鬆懈，很多人都盯著這個位置呢。申小姐感到了從未有過的疲憊感，而且也怕和大家見面，總覺得人們看不起她了，人也越來越孤僻。

像申小姐這樣的人有很多，都是接受不了自己的心理落差。其實，大家都在同一環境中，誰和誰相比都是一樣的，沒有必要看輕自己。沒有丟掉工作的，要慶幸自己能夠保住飯碗，也要努力地不要失去工作，還要相信經濟危機一定會過去，這段時間失去的以後肯定會補回來；失業的人，要明白自怨自艾是沒有用的，不要再想「爲什麼我這麼倒楣？他不失業我失業！」，趕緊想辦法再找一份工作就好。就算是找不到工作，也不要焦急，透過這個時間好好地充實一下自己，比如說去進修一下，爲金融危機過後作準備，也是一個很好地選擇。也可以讓自己先放鬆一下，鍛鍊一下身體，做一些自己在失業之前想做卻一直沒有時間去做的事情，讓自己原來忙碌的心情舒緩一下也是一件好事。

但是，對於經濟危機也不要過分地看輕，盲目地樂觀。有些人表現出無所謂的樣子，似乎經濟危機與自己無關，「老闆要裁員就裁好了」，這種想法也是錯誤的。本來在經濟危機的情況下，競爭就比較激烈，如果任何事都不放在心上，還像原來一樣做事，就很有可能成爲老闆裁員的重點對象。

比如張先生原來在公司裡是重要幹部，業務非常熟練，給公司創造了不少利潤，老闆也覺得他有能力。久而久之，張先生就覺得自己比別人強，在公司裡誰都敢批評，甚至老闆說他兩句他也要頂回去。那時候，老闆想到他對公司的貢獻，再考慮到重新聘請人的成本，而且很多同行還在想辦法「挖」張先生過去，也就忍了。現在經濟危機來了，公司面臨裁員，張先生絲毫沒有緊張也沒有收斂，一方面他認爲公司不捨得裁掉他，另一方面他也認爲即使被公司裁掉他還有很多公司可以去，依然我行我素。公司裡宣佈要縮減薪資的時候，張先生直接衝到老闆辦公室裡跟老闆理論，讓老闆非常惱火。公司裡的其他員工對他早就有非議，如今又有大量的人才來公司裡應徵，老闆思考了一陣，張先生成了第一批被裁員的人。他以爲自己可以輕而易舉能夠找到工作，卻沒有想到現在各公司都在想法裁員，哪裡還有精力招人進去，他又不肯降低薪資的水準，張先生已經在家失業了幾個月了。

所以對待經濟危機來臨，還是要分析一下自己原來有哪些不足之處，想辦法保住飯碗要緊。也就是說面對經濟危機，要做到「思想上藐視它，戰術上重視它」！

二、經濟危機中的一些明智做法

經濟危機中，記住這些明智做法

★不要主動辭職，不要換工作，不要轉行，還要記住這個時候也不是創業的好時機，不要盲目地相信「亂世造英雄」這句話。

★多備份幾個技能，趕緊地充實自己，多注意自己可以去的公司職位，要想到自己萬一失業的話該怎麼辦。

★不要主動要求老闆調漲薪資，那是在往槍口上撞。

★多幫朋友留意工作機會，多介紹，除了輪到自己找工作的時候會有朋友幫你外，同時自己也能多接觸一些可能的機會。

★省著點花錢，有車的可以放棄開車了，油錢也是一筆不小的收入，沒有買車的，這個時候也絕不是買車的好時機。

★股市已經很亂了，不要妄想自己可以透過低價購買股票到時候賺一筆，連比爾·米勒都栽了，如果你沒有股神巴菲特那樣的能力，還是別入市了。

失業並不可怕

即使失業了，也不是世界的末日，生活還是要繼續。

在經濟社會，失業是不可避免的。有的失業，是由於自己本身的原因，能力不行，自己不是那塊料，即使再努力，仍不能勝任，被淘汰也就理所當然了；另外一種是外在的因素，受到經濟環境的影響，就像現在的經濟危機，各個公司經營狀況不佳，即使你本身很優秀，也免不了被裁員的危險。

無論何時何地，失業都是一個沉重的話題，固定的收入來源沒有了，生活品質隨之下降，生活窘迫，意志消沉，你要面對的不僅僅是物質上的壓力，還有更多來自精神上的壓力。這種壓力比以往的壓力要大的多，對生計的擔心，對自我價值的懷疑，對前途的絕望。

據統計，失業六個月以上的人，其心理承受壓力對身體的危害，相當於正常人一天抽十包煙！

其實失業真的那麼可怕嗎？失去工作固然讓人沮喪，但是唉聲嘆氣或是哭的死去活來也根本不能解決任何問題。這時需要做的是，一定要搞清楚自己為何「落馬」？冷靜，徹底地分析。剖析清楚了，陽光也就出現了！大多數人被失業擊倒，行事偏激，結果是害人害己！

一、重新審視自己

失去工作以後，生活和以前完全不同了。沒有了收入，首先要做的是清點一下你現有所有的錢，把生存問題解決，看看存摺上還有多少錢；看看你周圍的人哪些是可以幫助你的，不要怕麻煩別人，朋友這時候對於你來說可能是很重要的。生活中，很多工作都是靠朋友熟人介紹的。然後對自己的能力做一下統計，就可清楚地看到自己能做什麼樣的工作，找工作時，不要只向一個方向，多方嘗試，才能儘快擺脫困境。

二、千萬不要宅在家裡

失業之後，很多人喜歡宅在家裡，卻不知「大門不出二門不邁」正是失業者大忌。不要以為網路能帶給你所有的資訊，足不出戶只會令你喪失掉對社會把握。失業後的你應該推開家門，走進社會，親身體會的和從第三方得到的資訊是不同的。

三、不要等待，切忌心急

失業時絕不能只是等待，這樣肯定是找不到工作的。幸運之神並不會降臨在你的頭上，時間長了，可能會等出病來的。相反地，有的人是特別著急的想找到下一個工作，但是要找到滿意的工作談何容易，有的時候還要面對家人的不理解或責難，心情急躁，覺得生活低迷沒有希望，太大的壓力之下，工作也就更難找。

四、失業，不要失去希望

當一個人有工作的時候，他的價值會被輕易地被別人看到，也能清楚地被自己看到。但失去工作時，他暫時失去了養活自己的能力，只能先依靠親人和朋友。剛失業的時候，別人一些懷疑你的話，你可能不大相信，但是當失業到達一定時間的時候，比如過了半年，你在一次一次的面試中都被淘汰，這時候，自己也開始懷疑自己了：「我是不是真的這麼差勁？」

所以，失業沒關係但千萬不要失去希望。一切會好起來的，糟糕和令人絕望的現狀都只是暫時的，只要你堅持下去，只要你有信心。

五、學習新的技能

失業之後，時間變得多起來。在你尋找下一份工作的過程中，可以學習一下新的技能，給自己充充電，任何時候多掌握一種技能對你的求職都是有好處的。當然，充電也不是盲目的，要有針對性。針對自己後期適合的一個發展方向，缺什麼補什麼，不要只選擇熱門的或者自己不需要的。否則的話，不僅浪費了大量物力精力，也得不到預期的效果。

失業並不可怕，可怕的是對失業的恐懼，調整好你的心態，找到你的方向，一定會尋找到更好的工作。

不做強迫症患者

▼▼在壓力面前，人們有時候會不知所措，而且總是患得患失，怕自己出一點差錯，一定程度下就會發展成強迫症。

不同的人表現不同，也會有強有弱。在壓力狀況下所表現的強迫症，一般是強迫憂慮，對自己的行動是否正確，產生不必要的疑慮，要反覆核實。出門後會懷疑門窗是否確實關好，瓦斯是否關好，下樓了又上去看，反覆好幾次，否則心裡就不踏實。還會強迫聯想，反覆回憶發生的事情，無法停下來，總是在想如何才能躲開一些事情。辦事謹慎過度、一絲不苟，整個人處於恍惚、焦慮之中。

自我診斷一下看看自己是否有強迫意識。

對於人來說，可能有強迫觀念或者強迫行為，或者兩者兼有，自我診斷一下：

★強迫觀念：

偶爾或者持續地出現絲毫沒有意義的想法，比如：

不可抑制地害怕汙物

對已過去的事件持續地焦慮

企圖抑制這種想法

認爲這些想法來於自己的幻想，而不是外界因素

★強迫行爲：

重複的行爲如洗手、一再檢查鎖、整潔、不斷重複單詞

認爲這種重複行爲是極度的、非理智的

因爲應付這種強迫行爲失敗而憂鬱、痛苦

對照著自己看看是否有強迫的意識存在。較爲直觀的症狀表現，可以觀看美國電影《火柴人》中尼可拉斯凱吉飾演的角色。

積極應對強迫症

一、認清是什麼在強迫自己

強迫？誰在強迫你？對於強迫症來說治療的目標是減輕焦慮，而根本就是要認清內心

的衝突。

我們應該知道，包括強迫症在內的一切神經症患者，潛意識裡都有一個「怕」字，有一種不安全感。強迫性的重複念頭和行爲，就是爲了尋找事物的「尺度分寸」，一個不偏不倚的平衡點，這樣人們才安心。

一名員工原來很開朗，絲毫沒有任何強迫症的傾向。面對金融危機，在公司準備裁員的情況下，精神極度緊張，他開始害怕，怕自己加入到失業大軍中，於是開始謹慎行事，不敢有任何閃失，一份報告他看了一遍又一遍，每次想要交上去，走幾步又回來，再看一遍，還是不放心，老闆的一句話他要想好幾遍。又想著家裡不能再出狀況，於是每次出家門也都戰戰兢兢，公車上還在想著家裡不會出事吧。

「不識強迫真面目，只緣身在強迫中」。一旦認清了自己究竟在「怕」什麼，就找到了強迫的根源。患者要積極地暴露自己，認識真正的自我。這一步至關重要。

有些害怕，患者能意識到，但有些害怕，或者說更本質的怕是意識不到的。對於不是遺傳性的強迫症患者來說，仔細地回想一下自己什麼時候開始有那些強迫特徵的，到底是哪些事情引起了自己的強迫症情節，可以給自己提出如下問題：我都是怕什麼？最怕什麼？爲什麼怕？別人爲什麼不怕？怕有何用？然後對著那個「怕」字發起攻擊。

二、充分接納

對於很多事情，你越怕它，越抗拒它，越掩飾它，它就越出現，越突出，越強烈，當你不但不怕它，還對它有所期望時，它的反應倒遲緩起來，似乎專門跟你作對，強迫症的源頭就是這樣。

對自己有了清楚的認識後，也對自己所「怕」的事情有了更深入的認識後，就開始認清這個怕也沒有什麼大不了的。這樣想會使得自己心情明亮許多。

比如說怕自己的工作會丟掉，就想「這麼多人都沒有工作還不是一樣的生活，即使沒有現在這份工作，我又餓不死，年輕力壯幹什麼不行？富有富的生活法，窮有窮的生活法」。怕門沒有關好，在關門後，先試驗一下，看看是不是關好了，然後告訴自己「我關好了門了」，然後下樓，反覆地告訴自己「我關好了，推門的感覺還在手上停留著呢」，然後繼續做下一件事。

也可以採取極端一點的方法，「矯枉過正法」。你怕得罪人，所以說話總是有所顧慮，總是反覆想自己應該怎麼樣說話，總是想今天說的話是不是不對，那麼乾脆鼓勵自己故意找碴得罪人，最後就會發現原來結果並不是自己想像的那麼惡劣。當然，這種方法也要視患者自身的情況來用。

三、不要被強迫症嚇倒

千萬不要被強迫症嚇倒，越想它越對自己不利。有個病人竟然問強迫症患者能不能戀愛結婚。這個病人已經不光是強迫症了，還相當地憂鬱了。

對於患者來說，關鍵地是勇於行動。專心投入地做一件事情，在忙碌中讓自己充實起來。即使真的失業了，也不後悔，最起碼這段時間過的充實。

而且強迫症可能會有點反覆無常，不要因爲一點不順利就表現出急躁來，要知道從廣義上來說，每個人都或多或少地有一點強迫意識的。

職場壓力的心理調適

每個行業不同，壓力的來源也不盡相同，有的人的壓力來自於自己本身，有的來自於工作中遇到的困難，有的來自於上司的苛刻。

現在，來自職場上的壓力越來越多的影響大人們的生活。有一項對職場人士的壓力承受狀況調查顯示，近半數職場人士認爲自己目前壓力較大，有將近九十%的人面對著不同程度的壓力。

看看下面的這些職場壓力，你自己有哪些？

一、覺得手上工作太多，無法應付

二、做事急躁，事後又會感到後悔

三、覺得沒有時間休息

四、遇到挫折時很容易會發脾氣

五、擔心別人對自己工作表現的評價

六、覺得上司和家人都不欣賞自己

七、擔心自己的經濟狀況

八、有頭痛／胃痛／背痛的毛病

九、需要藉煙酒、藥物、零食等抑制不安的情緒

十、需要藉助安眠藥來入睡

如果你的表現有其中的1～3種，這是很正常的，但是這樣的生活壓力比較小，動力也比較小；如果你的表現有其中的4～6種的話，你的壓力程度中等，雖然某些時侯感到壓力較大，仍可應付。如果你有其中的七種以上的表現，說明你的壓力偏高，應當尋求一下解決辦法，否則壓力太大的話，工作狀態和生活狀態都會受到嚴重影響的。

一、不要把工作上的壓力帶回家那如何減壓呢？

工作中難免會遇到各式各樣的問題和挫折，不經意中很容易把這種煩惱情緒帶回家。把這種壓力帶回家，不但不會讓你感到放鬆，還可能破壞家人之間的感情。

王先生在一家IT公司上班，最近的一項業務被競爭對手打敗，因此受到上司責怪，

心情很煩躁。回家以後經常爲了一點點小事就發脾氣，比如菜炒得鹹了、孩子寫字姿勢不正確，都會大發雷霆。讓全家人都躲著他。我們要明白，家人不能代你受過，把自己的委屈和憤怒轉嫁到親人身上，只會讓生活更糟。

二、把工作和生活分開

人活著必須要工作。但工作不是生活的全部，生活不是爲了工作，而工作是爲了生活。如果僅爲工作而生活，那就不正常了。正確的態度應是：工作時工作，生活時生活。

三、合理安排時間

工作壓力的產生往往總是覺得很多事情十分緊迫，時間不夠用。解決這種緊迫感的有效方法是時間管理，不要讓事情左右你，而是要自己主動地，有順序的、合理的安排好要做的事，權衡各種事情的優先順序，不要做事後救火的事，這樣只會讓我們的工作永遠處於被動之中。

四、與同事分擔

平時要積極改善人際關係，特別是要加強與上級、同事及下屬的溝通。要學會把壓力分解、傳遞到你所在團隊的其他人身上，不要試圖一個人就把所有壓力承擔下來。這樣做並不是在推卸責任，如果什麼事都是你一人做，一人承擔，別人袖手旁觀了，也未必會得到同

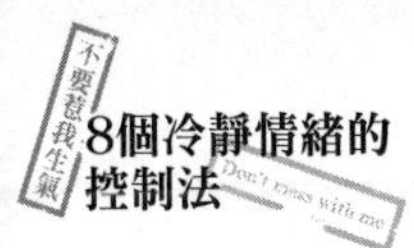

事上司的肯定。

五、提升工作能力

既然是職場壓力就不可能迴避工作去談減壓，如果我們的工作效率與效益更高了，壓力自然會有所減輕。

首先是找到自己最恰當的職業定位，你面對工作可能會樂此不疲，做起事來則是遊刃有餘；壓力在你面前只是一個接著一個有趣的挑戰，而不是能夠壓垮你的負擔；

其次提升你的工作能力，當你對工作高度勝任之時，你的面前就不會有很大的壓力，即使有壓力也能坦然面對；

第三，挖掘工作中的積極面，不要僅把工作作爲謀生的手段，卻對它毫無興趣，一點成就感也沒有。有時候工作雖然繁重和枯躁，但我們也要努力去尋找其中的樂趣。

六、學會一些減壓的方法

平時學會一些減壓的方法，也可以起到很好的效果：

A早睡早起。在你的家人醒來前一小時起床，做好一天的準備工作。

B與你的家人和同事共同分享工作的快樂。

C一天中要多休息，從而使頭腦清醒，呼吸通暢。

Ｄ利用空閒時間鍛鍊身體。

Ｅ不要急切地、過多地表現自己。

Ｆ提醒自己任何事不可能都是盡善盡美的。

Ｇ學會說「不」。

謹防心理疲勞

▼▼▼ 學會拒絕別人，有些人不好意思拒絕別人，結果使得自己本來忙碌的生活更加忙。

阿偉是一家大公司的部門經理，他去看醫生，對醫生說：「我已經有一年多的時間失眠了，經常感到自己頭昏目眩、呼吸急促、心跳劇烈、而且一反原來的溫文儒雅、彬彬有禮，變得脾氣暴躁，動輒易怒，經常向下屬發火。」他感到自己讓工作支配著疲於奔命，快把自己壓垮了。殊不知，這就是一種長期處於緊張的壓力之下而出現的心理疲勞。

心理疲勞，也就是我們經常聽到的「心累」，與平時的生理疲勞不同，它一般是指人們長期從事一些單調、機械的工作活動，致使人們對工作對生活的熱情和興趣明顯降低，甚至產生厭倦的情緒。例如在大型工廠生產線上工作的工人，都不同程度的感到過去令自己自豪及喜歡的工作變得單調乏味、累人、沒有意思，上班的時間覺得過得很慢，工作差錯也增加了，這也是心理疲勞的表現。

引起心理疲勞的原因主要有幾個原因：對事情缺乏足夠的認識、由於某種原因使人心情憂鬱情緒低落、長期處於緊張狀態中，刺激能量超過了神經系統的興奮水準，使人無力承受。

對於心理疲勞的人來說，一般會表現如下特徵：

★早晨起床後，感到全身無力、發懶、四肢沉重、心情不好甚至不願與別人交談。

★學習、工作都提不起精神，什麼都懶得做。

★工作中差錯出現的次數增多，效率也比原來低。

★感情容易衝動，神經過敏，一點不順心的事也會大發脾氣。

★心理總是很難受，具有精神痛苦，似乎總是忍受著一種精神折磨，心中積壓著許多悲傷、委屈、苦悶、煩惱、壓抑等，又不知道該怎麼排解。

★可能會伴有一些生理上的表現，比如頭痛、噁心、視力遲鈍等。

出現了心理疲勞，要趕緊地讓自己調節一下，否則也會影響到以後的生活。

應對心理疲勞的調節：

一、尋找心理疲勞的原因，然後進行針對性處理

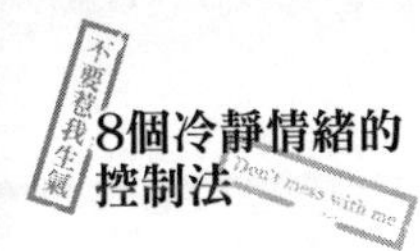

比如有些職業女性上班回家後，還有處理不完的家務活，那麼這種情況下就會覺得很辛苦，每天睜開眼後心情都很糟糕。可以跟自己的丈夫進行溝通，雙方一起承擔家務，或者請人來處理，減輕兩人的負擔，也可以有時間去做點別的事情。

二、合理安排工作、休息、睡眠

要注意勞逸結合。不管工作多麼緊張，也不要不間斷工作，經常伸一伸懶腰，活動活動筋骨，眺望一下遠方，或者聽聽音樂，也使得後續工作效率提高。平均每天工作的時間，最好控制在十小時之內。

要注意積極性休息，適時參加一些體育鍛鍊，如跑步、游泳、打球和步行等。有些心理疲勞者心想我自己身體已經很累了，已經很疲勞了，怎麼還能去運動呢？這時先把自己的疲勞和累放在一邊，先運動再說，不久你就會驚訝地發現，運動並不會耗費自己身上的能量，反而好像能產生能量似的。

保持充足、正常的睡眠。如果白天經常打瞌睡，那麼不妨夜晚多睡一個小時，不要硬撐著，否則不利於工作效率的提高，又可能造成惡性循環，增加煩躁，加劇疲勞。

三、生活安排多樣化

心理疲勞的人，要將生活安排得多樣化，儘量避免枯燥、單調及長時間的重複，這樣容易使大腦皮層產生抑制，出現心理飽和。比如在家裡，做家事累了，可以到公園或郊外走走，散散心，或者去看一場自己喜歡的電影。對於工作來說，也可以透過適時的變換工作使得身心振奮起來，保持興趣盎然，集中精力注意手頭上的工作。這樣即使是身體上可能會有疲勞，但心理上仍可以保持愉快的情緒。

四、培養對所從事的工作的興趣

在工作中，如果發現自己的本職工作不是很感興趣，也不必緊張、憂慮而形成思想負擔，應該想辦法努力培養自己的興趣。找出自己工作的優點。

五、根據自己情況消除心理疲勞

健康的大笑是消除疲勞的最好方法，而有時候沉默寡言也是一種方式，認真聽別人說話也是一種享受。

放慢自己的生活節奏。人的生活節奏是造成心理疲勞的重要原因，因此不要總是把自己的日程表排的滿滿的。

做了錯事不要後悔，誰都可能做錯事，已經錯了，自責和後悔都沒用，關鍵在於自己怎樣補救和避免重犯。

告別完美主義

完美主義等於癱瘓。——邱吉爾

小婷進入了一個新的公司，表現很優秀，很受上司的賞識，她也暗下決心要作出一番成就來。有一次她負責一個企劃案，如果能贏得客戶的認同，她將有可能被調到更重要的職位。這是一個很難得的機會，她非常賣力，每天都熬夜準備。

可是，到了和客戶開會的那天，小婷由於過度緊張，出現了身體不適，腦子一片混亂，發言的時候詞不達意，幾次中斷。會議的結果可想而知。小婷爲此懊惱不已，之後狀態一直不好，導致工作也不太順利，她對自己更加不滿。她開始懲罰自己，經常不吃飯，或者暴飲暴食，狀況越來越糟，沒有心情做好手中的事情，以致對工作失去了當初的信心。最後，她不得不遞交了辭呈。

生活中有不少像小婷這樣追求完美，什麼事都要盡善盡美，爲了一點小的錯誤懲罰自己。凡事要求做的更好不是壞事，但是一個完美主義者卻未必是好事。

世界上本來就沒有完美的東西，一個總是追求完美的完美主義者，會對很多事物感到不滿，在現實的嚴酷中，願望往往不能實現，完美主義者比其他人更容易發怒和激動，對自己的怨恨也很容易讓自己陷入深深沮喪和巨大的壓力之下。

如果你要判定你是否是一個完美主義者，看看以下幾個問題：

★你是否對那些隨隨便便的人感到非常厭惡？

★你是否不停地想，某件事如果換另一種方式，也許更加理想？

★你是否經常對自己或他人感到不滿，因而經常挑剔自己所做的任何事或他人所做的任何事？

★你是否經常認爲做任何事都是全力以赴的，卻又常常希望你自己能夠再輕鬆些？

★是否常常心裡計劃今天該做什麼明天該做什麼？

★你是否經常對自己的服裝或居室佈置感到不滿意而時常變動它們？

★你是否不斷地爲別人沒能一次就把事情做好，而親自去重做這項工作？

這些問題，若你都回答是，無疑你與完美主義者相去不遠。

完美主義者的最大特點是追求完美，對事事都不滿意。但是世上本就無十全十美的東西，完美主義者儘管十分努力去改善它們，但是最終仍然做不到讓自己十分滿意，這種情況使他們整天生活在挫折、失敗，碌碌無爲和忿怒的心情之中而無法自拔。

當願望在現實的嚴酷中不能如期兌現的時候，完美主義者就容易發怒和激動。這樣的衝突心態的最直接結果就是使得完美主義者容易自責，他們對自己苛刻地要求，進而達到過分的地步，最終不可避免地陷入了極端的緊張和焦慮之中。

要知道，這世界上根本就沒有完美的東西，在工作上做到盡善盡美，想找到一個完美的愛人，渴望交一個沒有任何缺點的朋友，比賽的時候一定要贏，這樣的想法和做法都不過是在浪費時間罷了。有的時候缺憾也是一種美，告別完美主義，其實也是一種很好的生活態度。

如果你發現花再多的努力，也不會讓最後的成果有顯著改善，那就別再過度在這項工作花費精力了。當然，這不是讓你故意偷懶或不盡力把事情做好，而是你的工作已做得不錯，再花更多的時間在上面就是浪費了。對大多數的專案來說，做好九十五%～九十八%已經算相當好了。

沒有人不渴望完美，可是你也要清楚，它只是一個永遠不可企及的目標，過於執著的追求它，將會耗費大量的精力和時間。完美主義者會對以前的某個錯誤耿耿於懷，遲遲不肯原諒自己，進而影響到現在乃至未來做事的心情。事情既然已經發生了，即使不原諒也無濟於事，只會增加自己的痛苦。

只有真正打從心底裡原諒自己，才能驅走煩惱，讓心情好轉，才能分析我們過去的錯誤，在教訓中尋找經驗。

完美主義者給自己定的標準往往高不可攀，因此總會遇到挫折，甚至沉浸在失敗前的擔心受怕和失敗後的悲觀喪氣中。制定實際一點的目標，做自己力所能及的事情，並不是一件很難的事。這樣做了之後，你會發現並沒有損失什麼，你還和以前一樣好。

在很多人眼裡，追求完美才能達到優秀。但事實上，追求完美和追求優秀是兩回事。一個完美主義者，總想考試成績全是「A+」，可是當他達到目標的時候，並不覺得快樂。如果「完美」已經成爲束縛，不防溫習不完美的好處。一個真追求優秀的人並不會是一個完美主義者，他們享受成功，也會坦然面對失敗。

Chapter.5

嫉妒是性格上的致命傷

Don't mess with me

像空氣一樣輕的小事，對於一個嫉妒的人，也會變成天大的事。

戀愛中不要有嫉妒的影子

▼戀愛中的嫉妒之心，人皆有之，只是不要超過正常的限度。

小軒在一天的下班路上遇到以前的一位女同學，好久沒有見面，就一起去吃了飯。他的女朋友知道這件事後，嫉火頓生，懷疑他們以前彼此有過好感，怎麼解釋也不聽，開始天天疑神疑鬼，向小軒追問這追問那。本來很要好的兩個人，因爲嫉妒傷害了彼此之間的感情。

像小軒和他的女朋友這樣的情況在戀愛中很常見，在不同的時間也許會有不同的表現。比如，在戀愛的開始階段，知道對方在熱烈地愛戀著自己時，總愛這樣想：他（她）過去有沒有和別人戀愛過？即使雙方已經成了難捨難分的情侶，還是對這件事放不下。特別是一旦知道自己的情人曾與別的異性有過較親密的接觸，便耿耿於懷。

還有一種是對戀人現在的生活中的一些小事的嫉妒，比如見到自己的戀人與其他異性接觸或聽到戀人在自己面前講其他異性的好話，都很容易引起嫉妒、猜疑。如果因爲這一個人的原因而影響他們的戀愛的話，女生就會把一切憤怒統統發洩在那個女性身上，有的還想著如何對那個女人進行報復。

戀愛中的嫉妒心理，實際上是一種佔有欲：既然兩個人相愛，你就是屬於我的，一切必須以我爲核心，否則，就是對我不專。但是忠誠並不等於佔有，讓戀人整天圍著自己轉，事實上根本就辦不到。許多事實都說明，嫉妒是對愛情的一種破壞，是籠罩在戀人間的一層陰影。嫉妒發作時，人們往往會失去理智，做出一些後悔莫及的蠢事來。

有的人會說，正是有了愛才會有嫉妒的心理，嫉妒是愛情的附加產品，也是愛情組成的一部分，沒錯，有的時候小小的嫉妒可能會讓對方感到愉快，讓自己十分的有成就感，能增進兩個人之間的感情。可是如果嫉妒的程度已經大大超出了正常的範圍，無法控制，像小軒的女朋友一樣，那就只會破壞兩個人之間的感情了。戀愛中的嫉妒不是不能沒有，但是不能過分，下面的這些方法可以幫助你來調整

戀愛中的許多的心理問題都是由雙方的不平等產生的。所以，即使再相愛的兩個人，也要保持雙方在人格上、自由上的平等。

給對方一定自由生活的空間，不應把對方看成是自己的私有財產，每個人都會有自己的朋友，自己的交際圈，過分的嫉妒心理，給自己和自己所愛的人都會帶來嚴重的困擾。

信任感是消除嫉妒心理的良藥，不但相信對方，更要相信自己，克服自己的自卑心理，不要看到戀人接觸比較優秀的人就疑神疑鬼，相信自己有自己的優點，別人也有不足之處，沒什麼可比較的。

你是否過於疑心？

過度疑心的人，大多對自己要求不高，對別人倒要求很苛刻。

張先生工作的時候，聽見同事們在討論事情，他一經過，同事們就不說話了，他後來總覺得同事們在說他的壞話，於是下班後找同事理論，兩個人還打了起來。

李小姐一天跟老闆打招呼，老闆沒有回應，她就覺得自己是不是得罪了老闆，天天擔心的要命。

裴女士看到丈夫有幾天回來的比較晚，懷疑他在外面有第三者，於是她天天都在思考這個問題，工作也做不好，跟丈夫也總是吵架。

……

這都是疑心病作祟。

過於疑心的人，往往先在主觀上假定某一看法，然後把許多毫無聯繫的現象透過所謂的「合理想像」拉扯在一起，來證明自己看法的正確性。爲了能達到這一目的，他們甚至能無中生有地製造出一些現象。越猜越疑，越疑越猜。就像「疑心偷斧」中的那個失斧者，就是硬把鄰居正常的言談舉止堪稱是不正常的，以自己的主觀猜測代替了客觀事實。

適度的戒備可以起到自我保護的作用，但疑心太重，對別人的任何行爲都產生懷疑，那麼於人於己都是有害無益的。你是否疑心過重呢？做個測驗看看吧。這個測驗回答「是」或「否」

★你是否經常認爲別人不喜歡你？

★你是否經常認爲家人和朋友在背後說你壞話？

★你心中是否已有給別人下結論的標準？

★你是否認爲多數伴侶在有機會又不被他人發覺的情況下會有不忠的行爲？

★假如有人稱讚你，你是否經常懷疑別人的稱讚不是出自真心？

★你是否認爲多數人在無人監督時工作一定偷懶？

★假如你找不到東西，第一個反應是不是認爲一定是他人拿走的？

★如果你需要幫助，是否會多方求援，而非只信某個人的建議？

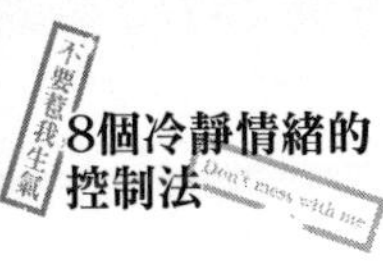

★你是否認爲，多數人遵守規矩的原因是怕犯錯誤被別人發現？

★在需要留下你的電話、住址時，你是否猶豫？

評分：每個題答「是」得5分，答「否」得零分。

測試分析：0～10分則你對別人過於信任；

15～40分則你對人既懷疑又信任，這很正常；

45～50分則你的疑心太重，應該學會如何正確地信任別人。

如何克服過度疑心？

一、保持頭腦冷靜

現實生活中，許多猜疑一旦拆穿了是很可笑的。所以當自己開始猜疑的時候，要保持冷靜客觀的分析態度。不要鑽牛角尖，放棄自己原先的假設，防止先入爲主的假設心理，牢牢記住「當局者迷，旁觀者清」的古訓，也可以請一些信得過的人幫忙分析一下，防止自己出現錯誤的思路。

二、注意調查研究

有了猜疑之後，要注意加強調查研究。俗話說「耳聽爲虛，眼見爲實」，但是眼見的也不一定就是事實，要實事求是地看待，不要聽到別人說就覺得是真的，也許這個人是在挑撥你倆的關係，要自己做調查找到實質性的東西。

三、及時開誠佈公

疑心的產生往往是因爲彼此間缺乏溝通，爲雙方設置了心理屏障，也可能是由於誤會或別人搬弄口舌。與其自己煩惱，不如找一個適當的時機，選一個適當的方式，與被疑者開誠佈公、推心置腹的交談。如果你緊緊地抱著自己的疑心，只會使得雙方的誤會加深。

就像上例中的李小姐，在一次自己的方案被肯定，老闆把她叫到辦公室希望她再將自己的方案詳細說明的時候，等到說明結束，李小姐看到老闆心情很好，就委婉地提出：「作爲員工，我可能有什麼做得不好的地方，您覺得我有什麼不足希望您能給我指出，我會改正。」老闆哈哈一笑，說：「妳的工作能力大家有目共睹，妳也是這批員工中工作最努力的，我正準備提拔妳呢，以後還是希望妳能夠繼續保持下去。」李小姐這才明白自己想多了，心裡也鬆了一口氣。

建立平衡的心態

嫉妒幾乎人人都有，在日常生活中，我們不知不覺地受到別人的嫉妒，或自己本身也在不知不覺對別人產生嫉妒之心。

被嫉妒的人常常是自己周圍熟識的人。有時，明知道是嫉妒，是不應該的，卻無法消除。這種不健康的心理，無論是什麼形式的嫉妒，都有害於正常的人際交往和生活。

從前有一個人，非常嫉妒他的鄰居，他的鄰居越是高興，他越是不高興；他鄰居的生活過得越好，他越是不痛快；每天都盼望他的鄰居倒楣，或盼望鄰居家著火，或盼望鄰居得什麼不治之症，然而每當他看到鄰居時，鄰居總是活得好好的，並且微笑著和他打招呼，這時他的心理就更加不痛快，就這樣，他每天折磨自己，身體日漸消瘦，胸中就像堵了一塊石頭，吃不下也睡不著。

嫉妒在我們生活中非常普遍，有的人被老闆器重升職卻因此失去昔日的好友；在專業領域苦苦打拼獲得一些成就，卻招來周圍人的冷嘲熱諷；還有的人則是抱怨機遇爲什麼總落在別人身上，感歎「小人得志」「世道不公」。

可是，嫉妒別人並不會給自己帶來好處。長時間的嫉妒能造成人體內分泌紊亂、夜間失眠、脾氣暴躁古怪、性格多疑、情緒低沉等。久而久之，容易引起高血壓、冠心病、神經衰弱、憂鬱症、胃及十二指腸潰瘍等身心疾病。美國的一項調查發現，嫉妒程度低的人，只有二十三％的人患心臟病；嫉妒程度強的人，百分之九十以上的人得過心臟病。

誰都明白嫉妒是不明智的，世界上沒有哪個人願意做嫉妒的人，要想擺脫這種病態的心理，最重要的就是要有一個平衡的心態：

一、坦誠相對

學會欣賞嫉妒你的人，並在有機會時幫助他們，讓他們分享你進步帶來的益處，讓他們成爲你的好助手，而不是對手。坦誠相對，將心比心，設身處地地爲別人著想密切交往加深理解。不要把別人的成就看作是對自己的威脅，要學會欣賞別人的成功。

二、客觀的看待自己

當發現自己的嫉妒心理時，主動地調整自己的意識和行動，從而控制自己的情緒，冷靜地分析自己的想法和行為，同時客觀地評價一下自己，從而找出一定的差距和問題。當認清了自己後，再重新看待別人，自然嫉妒心理就已經減輕了。

三、讓自己快樂

快樂之心可以治療嫉妒，從生活中尋找快樂，而不是隨時隨處為自己尋找痛苦。如果一個人總是想：「我的快樂永遠比不上別人」，那麼他就會永遠陷於痛苦之中，陷於嫉妒之中。快樂是一種情緒，嫉妒也是一種情緒，我們應該學會讓快樂去消除嫉妒。

四、少一點虛榮

虛榮心是一種扭曲了的自尊心，自尊心追求的是真實的榮譽，而虛榮心追求的是虛假的榮譽。對於嫉妒心理來說，要面子、不願意別人超過自己，以貶低別人來抬高自己，正是一種虛榮，一種空虛心理的需要。克服一份虛榮心，就少一分嫉妒。

揚長避短，尋找新的自我價值，發揮自身應有的潛能，開拓新領域，建立新的動力定勢，不要把目光釘在別人身上。

丟掉自己的虛榮心

▼▼▼人們之所以會嫉妒別人，也與自己的虛榮心有關，由於虛榮的總想比別人強，比別人表現優越，但是又不可能超越某人的時候，嫉妒就產生了，所以丟掉虛榮心，也是防止嫉妒的一種方法。其實每個人都會有或多或少的虛榮心，關鍵在於如何將這些虛榮控制住。

虛榮不會對自己有什麼幫助，相反，可能會讓你失去一些東西。

有一個在商場上叱吒風雲的商人，有一次，他經商失敗了，但是他盡力使自己保持原來的排場，生怕被別人發現，從而貶低他。所以他還是穿名牌、戴金錶，他的妻子和孩子卻已經好久沒有吃過一次正餐了。他爲了能夠東山再起，經常請朋友到家裡吃飯。目的是爲了搞好關係，不讓他們看不起自己。爲了不讓朋友們懷疑，他甚至去借錢，租用了豪華車去接朋友，並請了臨時工冒充傭人。等朋友到了，他端上了一道道美味佳餚，打開了櫃中最後一

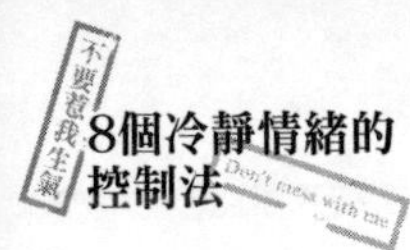

瓶的XO，並用眼神制止了孩子們因爲饑餓伸出的手。等到朋友們吃完飯後，都誇他是一個大方的人，商人只能慢慢回味朋友們的誇獎，而此時，他的全家都只能餓著肚子，而他也已經負債累累。

心理學家認爲，虛榮心是自尊心的過分表現，是爲了取得榮譽和引起普遍注意而表現出來的一種不正常的社會情感。

物質生活中的虛榮心行爲，主要表現爲一種比較行爲，其信條是「你有我也有，你沒有我也要有」，以求得周圍人的讚賞和羨慕。社會生活中的虛榮心行爲，主要表現爲一種自誇炫耀的行爲，透過吹牛、隱匿等欺騙手段來過分的表現自己。

對於一個人來說，希望博得他人的認可是人的一種無可厚非的正常心理，然而，如果人們一味地只是追求所謂「面子」上的好看，就會陷入愛慕虛榮的牢籠裡面，一生都會很累。

爲了克服虛榮心理，你應該從以下幾點來努力：

一、樹立正確的人生目標

一個人追求的目標越崇高，對低級庸俗的事物就越不會傾注心思。古今中外許多偉人往往不很看重榮譽本身。

居里夫人一生躲著親人的讚美。她和丈夫認爲，科學不是爲了個人榮譽和私利，而是爲人類謀幸福。一天，她的女友到她家做客，看見她的女兒正在玩一枚英國皇家學會頒給她的獎章，便驚訝地問她：「居里夫人，現在能夠得到一枚英國皇家學會的獎章是極大的榮譽，妳怎麼給孩子玩呢？」居里夫人笑了笑回答說：「我想讓孩子從小就知道，榮譽像玩具一樣，只能玩玩而已，絕不能永遠守著它，否則將一事無成。」

二、追求真實的榮譽

社會上的一切的物質和精神財富都是勞動創造出來的，不論是什麼樣的好處，都是真正地對自己有用才是實際的。一些虛假的榮耀沒有任何的意義，而且自己最終也會受到懲罰。

一對本來很恩愛的夫妻，剛結婚沒多久，丈夫申請到了在英國讀博士的機會，人們都覺得很羨慕，他倆也覺得很開心。可是等到丈夫出國後，妻子一個人在家，什麼事情都要自己做，丈夫因爲學習忙，兩個人聯繫的時間也很少。丈夫博士畢業後，在國內和國外之間進行選擇要在哪裡工作，家人都覺得在國外工作說出去有面子，所以都一致贊同他留在國外，這時已經有了孩子，家裡全靠妻子一個人，她覺得越來越累，想讓丈夫回國工作，又怕別人說三道四，丈夫也覺得在國外比較有面子，不肯回去。後來，妻子覺得這樣生活實在太累，

只好提出了離婚。本來很恩愛的一對夫妻，就被所謂的虛名分開了。

三、正確面對自己的狀況

要對自己的環境有充分的瞭解，不要做一些沒用的比較，也要學會知足。許多人在與周圍各式各樣的人的接觸中，去注意人們對自己的態度，去想像他們對自己的評價，並以此作爲一種客觀標準而內化到自己的心理結構。這完全沒有必要，不要過分在乎別人怎麼看你，展示真實的狀況就可以了。

不要惹我生氣

8個冷靜情緒的控制法

Don't mess with me

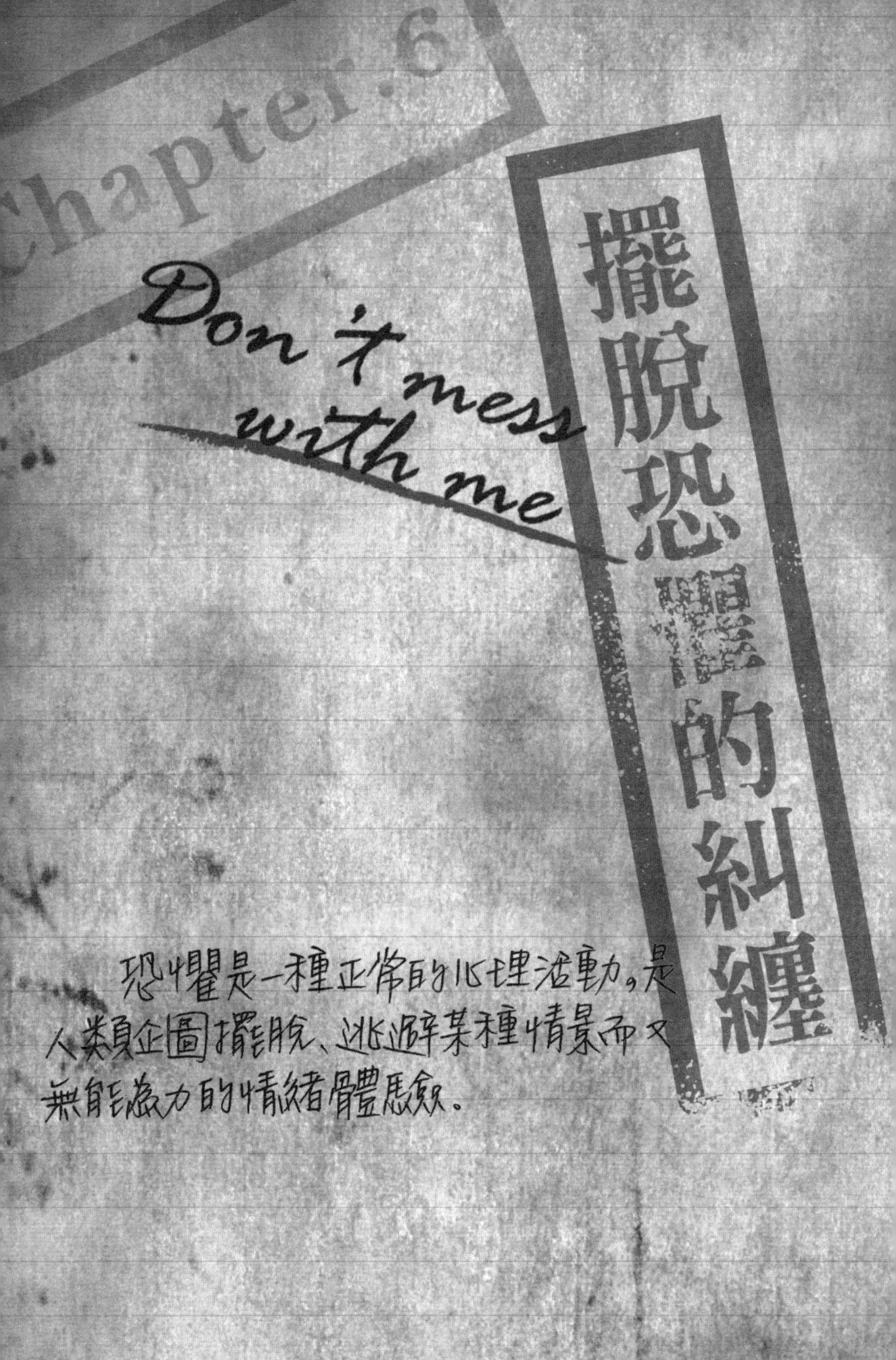
Chapter.6
Don't mess with me
擺脫恐懼的糾纏
恐懼是一種正常的心理活動，是人類企圖擺脫、逃避某種情景而又無能為力的情緒體驗。

認清恐懼的本質

恐懼是人性的弱點，恐懼使我們焦慮，使我們惶恐，使我們動搖，不敢開始做任何事情，恐懼還使我們優柔寡斷。我們需要搞清楚的是：人為什麼會恐懼？我們究竟在恐懼什麼？也就是說，恐懼的本質是什麼。

夜深了，萬籟俱寂，你走在回家的路上，走過一條小巷，心開始狂跳，但還要硬著頭皮走過去，你開始奔跑，因爲你的恐懼。

自己獨自在家，你百般無聊地拿著遙控器頻頻轉台，突然出現了恐怖片的畫面，你嚇了一跳，趕緊換台，還是覺得背後好像有隻眼睛在看著你。你趕緊進去臥室，把自己裹在被子裡，因爲你的恐懼。

老闆要把你派到國外的分公司去，可是你一想到那個從沒有到過的城市，想到那個從來沒有去過的分公司，那麼陌生的環境，你拒絕了，因為你的恐懼。

……

恐懼純粹是一種心理想像，是一個幻想中的怪物。

恐懼＝扭曲＋陌生＋無助。

扭曲，是一種心理的異化，使得自己將原本熟悉的事物變得詭異。比如那條夜晚的小巷，與白天有什麼不同？還是那條小巷，可是你總是覺得它和白天不一樣，覺得裡面有自己無法掌握的東西，於是白天你可以坦然面對的小巷，現在卻讓你害怕。

陌生，是一個全新的世界，人們對它不瞭解，所以產生了恐懼。「不要和陌生人說話」，這是老輩人對小孩子一再叮囑的。面對陌生，人們往往會懼怯。但是你一旦瞭解了它，就會發現原來根本沒有那麼恐怖。

無助，是因為面對危急，每個人表現出來的都不一樣，有些人會背水一戰，有些人會拔腿奔逃，有些人會失聲嚎啕……。想像一下，你在銀行裡取款，突然有劫匪持槍闖入進來，你是不是會感到無助，從而開始害怕的渾身發抖。傳統的恐怖片中不厭其煩地描繪一幕又一幕主角被異物逼迫到死角上等待死亡降臨的情景，這一幕揪住了觀眾的心，也很好地詮釋了因無助而產生的恐怖。

其實這些都與人的生命本能相關聯，人們關心自己的生命，害怕自己生存的環境遭到破壞，所以才會有恐懼的產生。這可以說是恐懼的本質。

恐懼產生於內心，是人的不良情緒反應，畏懼死亡的人往往會更靠近死亡，比如說有人是被嚇死的。

面臨恐懼的時候，要採取正確的態度。如果一個人面對恐懼的事情時總是這樣想：「等到沒有恐懼心理時再來做吧。」這樣做的人一定會失敗，因爲人類心生恐懼是自然現象，只有人們親身行動才能將恐懼之心消除。不實際體驗付諸行動，自然是徒勞無功的。

恐懼可能是朋友，可能是敵人，關鍵看你能否戰勝它，當你能戰勝它的時候，恐懼就是朋友，否則就是敵人。我們要恰當地應付恐懼：

第一，保持理性。恐懼感是正常的生理反應，而這經常被誇大，它們對你是無害的——不會有更糟糕的事情發生。

第二，維持原狀。觀察你體內發生的一切，放慢自己的速度。

第三，接受恐懼感，反而會很快消失。

第四，只考慮眼前狀況，不去想可能會發生的一切。

第五，不逃避現實。如果逃避，下次困難會更大。

社交恐懼症

要想改變緊張焦慮的心理，一步就到位是不大可能的，這是一個漸進的過程，我們需要一步一步地來戰勝自己的恐懼心理。

小王是一家電器公司的業務代表。平時的工作免不了經常會有聚餐，唱KTV之類的聚會。這本來是很高興的事，可是對於小王來講就像是災難。每次聚會都恐懼至極，飯局中基本上都不敢直視任何一位同事的眼睛，這樣反而更會引起同事對他的注意，更加不敢大聲說話，也不敢主動敬酒。

阿麗在公司做廣告企劃，很能幹，也有很多好的創意。但當著上司的面，就顯得笨拙，根本表達不清楚自己的意思。在底下和同事們討論得相當熱烈，好創意不斷湧現，但是一看見公司主管，就說不出話來。

生活當中，像小王和阿麗這樣的人不少，從心理學上把這種現象叫做社交恐懼症。社交恐懼症的表現形式不僅僅是面對陌生人而手足無措，而且還表現爲不能在公眾場合打電話，不能在公眾場合和人共飲，不能單獨和陌生人見面，不能在有人注視下工作等較爲極端的行爲。

下面的這個測試可以幫助你，看看你是否有社交恐懼症：

★我怕在重要人物面前講話。

★在人面前臉紅我很難受。

★聚會及一些社交活動讓我害怕。

★我常迴避和我不認識的人進行交談。

★讓別人議論是我不願的事情。

★我迴避任何以我爲中心的事情。

★我害怕當眾講話。

★我不能在別人注目下做事。

★看見陌生人我就不由自主的發抖，心慌。

★我夢見和別人交談時出醜的窘樣。

每個問題有四個答案可以選擇，它們分別代表：1分、從不或很少如此；2分、有時如此；3分、經常如此；4分、總是如此。

做完之後，把得分相加，如果你的得分在1~10：放心好了，你沒有社交恐懼症；在11~24，你已經有了輕度症狀，照此發展下去可能會不妙；在25~35，你已經處在社交恐懼症中度患者的邊緣；在36~40，你的社交恐懼症已經很嚴重了。

社交恐懼症以前並沒有得到人們的重視，也有很多人把它和害羞相提並論。但是社交恐懼症並不僅僅是害羞，而是對自己以外的世界有著強烈的不安感和排斥感，總是擔心會在別人面前出醜，在參加任何社交聚會之前，他們都會感到極度的焦慮。他們會想像自己如何在別人面前出醜。當他們真的和別人在一起的時候，他們會感到更加不自然，甚至說不出一句話。當聚會結束以後，他們會一遍一遍地在腦子裡重溫剛才的鏡頭，回顧自己是如何處理每一個細節的，自己應該怎麼做才正確。

如今，社交恐懼症已是繼憂鬱症和酗酒之後排名第三的心理疾病。據統計，平均每十人中就有一人有社交恐懼症，這種非常痛苦的心理障礙，使得一般人能夠輕而易舉辦到的事，社交恐懼症患者卻望而生畏。那麼怎樣才能擺脫它呢？

要想擺脫社交恐懼症，最重要的是戰勝自己。告訴自己，這種恐懼是可以消除的，可以在一個假想的空間裡，不斷地模擬發生社交恐懼症的場景，不斷練習，不斷地鼓勵自己勇敢面對，以便適應這種環境。

在社交場合，不必過度關注自己給別人留下的印象，要知道自己不過是個小人物，不會引起人們的過分關注，學會把注意力放在自己要做的事情上。當你的心理過於緊張時，不妨想一下：即使是最壞的情況也沒有什麼了不起。這樣，一切就會變得容易起來了。

接受不可避免的事實

人們恐懼，有時候，就是因為不願意承認事實的存在，覺得未來因為這個事實的存在而變得很恐怖。

梁女士工作很順利，也有一個幸福的家庭，丈夫很疼愛她，九歲的女兒聰明、可愛、懂事，本來幸福的一家子，卻在梁女士進行體檢的時候查出自己患了乳癌。梁女士感到天塌下來了一樣，她無法想像自己變得不完整，也無法想像以後將要可能接受化療的痛苦，甚至經過手術後，自己還有可能會因爲癌細胞擴散而死去。她彷彿看到死神在向她招手，她感到從未有過的恐懼。

有一天，她想到了死亡，她覺得只有死亡才能夠使得自己解脫，甚至已經打算進行，可是就在這個時候女兒回來了，女兒可能是感覺到了什麼，她拉著梁女士的手說：「媽媽，妳不能離開我！」她看著女兒的可愛的面龐，失聲痛哭。但從此以後，她更加堅決地拒絕治療。

丈夫很焦急，一天，丈夫帶來了一位客人，是位女士，大概四十歲左右，精神很好。梁女士覺得很奇怪，自從知道了自己的病以後，家裡許久沒有來過客人了，因爲她不願意看到人們那種可憐的目光，朋友和同事也都很理解她，不敢輕易來打擾她。丈夫說：「這是王女士，妳們倆聊聊吧，我去做飯。」

王女士坐到梁女士的面前，說：「妳應該開心地生活！」梁女士說：「妳是一個健康人，妳當然不能理解我的感受了！」王女士笑笑說：「妳看我健康嗎？其實我患了和妳一樣的病，六年前就做了手術！」梁女士驚異地看著她，因爲她完全不像是一個病人啊。王女士接著說：「剛知道自己得病的時候，我也很害怕，可是後來想想，有什麼可怕的，怕又能怎麼樣？事實已經是這樣了，我只能選擇接受，並且努力向前走。我接受了手術，雖然自己不完整了，可是我覺得自己能夠活在這個世界上，還能陪著我的親人我就很開心。但是，三年前查出我的癌細胞擴散了，但是我依然選擇不恐懼，因爲恐懼沒有用，恐懼也不能把癌細胞殺死。我要活下去，爲了我還沒有長大的兒子，爲了愛我的丈夫，有恐懼的時間我還不如好好地想想我該怎麼走下去。我積極地配合治療，我也相信自己一定能夠成功。妳看，我現在不是好好的！所以說，不要怕！」

梁女士聽了王女士說的話，心裡突然就想通了。是啊，既然已經是不可避免的事實，恐懼又有什麼用呢?她坦然地接受了手術，恢復的很好，術後，她也經常去醫院，和那些乳癌的患者們交流，告訴她們不要恐懼！

沒有人能有足夠的情感和精力既抗拒不可避免的事實，又能利用這些情感和精力去創造新的生活。由於不確定而產生恐懼，因爲不能接受現實而產生恐懼，而事實是無論如何也不可避免的，還不如坦然面對，積極地準備。比如，你的老闆把你派到一家國外的新公司去工作，讓你去當開拓者，你不知道自己到了新公司是不是能夠成功，所以有所恐懼。但是如果你不去的話，就會失去工作，而在經濟危機的情況下，你是無論如何要有工作的，因爲你有房貸要繳，有家要養。這個時候，既然已經知道自己肯定要去，還不如選擇接受，然後去調查新公司所在地點的環境狀況，好好想想自己到了那裡該怎麼樣展開工作。

要注意，接受不可避免的事實，絕對不是說消極地等待，而是要在接受事實的時候，積極努力地讓未來變得更好。

恐懼來了怎麼辦？

▶▶▶這個世界上最可怕的事情不是你所恐懼的「東西」，而是「恐懼」本身，所以，別再害怕「恐懼」了，只要你能顯示出你的勇氣來，它就會逃跑的。

還記得我們小時候看童話故事，當有壞人的時候，就會不由得為男女主角感到害怕，比如說當白雪公主被下毒，當小漢斯和格蕾特被孤獨地扔在森林裡，或者當女巫惡毒地跟他們講話時，我們自己好像也身臨其境一樣。等到主角戰勝了危險和威脅，我們就也可以輕鬆地鬆口氣了，彷彿我們跟主角一起戰勝了恐懼。

我們為什麼會恐懼呢？一般來說，恐懼心理的產生與過去的感受和經歷有關。俗話說：「一朝被蛇咬，十年怕草繩。」被一件事情刺激過，當再遇到同樣的情景時，過去的經驗被喚起，就會產生恐懼感。孤獨、內向的人，也更容易產生恐懼感。恐懼是人之常情，每個人都會有恐懼的時候，要徹底擺脫恐懼是不可能的。我們只能試著培養抗衡的力量：勇氣、知識、希望、信仰以及愛，讓這些力量幫助我們克服恐懼

一、保持你的勇氣

半夜裡孩子要上廁所，但是一個人不敢去，因爲怕黑。媽媽對她說「別害怕，鼓起勇氣」，孩子不知道勇氣是什麼。

「勇氣就是勇敢的氣。」

「媽媽，你有勇氣嗎？」

「我當然有！」

她就伸出她的小手來：「把妳勇敢的氣給我吹點吧。」

媽媽對著她的小手吹了兩口，孩子握緊拳頭，一點也不怕的上廁所去了。

其實，勇氣就是信念，我們害怕的不是別的，是自己內心憑空生出的恐懼。我們戰勝的也不是別的，正是自己。孩子的勇氣是媽媽傳遞給她的，當我們長大以後，克服種種恐懼的勇氣就只能來自內心，想從別人那裡獲得，不可能。別人並不能完全理解你，只有內心足夠強大，才會有直視恐懼的勇氣。想要克服恐懼，就要時刻想著勇氣，把勇氣掛在嘴上，表現在行動上，有了勇氣之後，你就會發現沒什麼好怕的。

二、沒什麼好怕的

如果你明白恐懼和擔憂永遠都不會給任何人帶來幫助，那麼你就會相信這個世界上其實根本沒有什麼好害怕的。害怕恐懼會讓人魂不守舍，做事慌亂，即使在平時這種情況都會產生危險的處境和結果，更不要說在危急的情況了。你在心裡對自己說「沒什麼可怕的」，恐懼，跟人的自我暗示很有關係。恐怖片看恐怖，但如果把背景音樂換成是舒緩動人的輕音樂，恐怖感就會全無。

三、憤怒，可以平衡恐懼

恐懼，還可以用憤怒來平衡，當人恐懼的時候，可能會把恐懼轉換成憤怒，而這種憤怒，不僅能幫人擺脫恐懼，往往還能幫助恐懼的人擺脫令人恐懼的困難，就像戰場上的戰士，面臨死亡的恐懼，再因這種恐懼而憤怒，這種憤怒可以讓人暫時忘掉對死亡的恐懼，因害怕而勇敢，憑藉這憤怒的勇敢，反而讓他死裡逃生！

四、習慣讓你恐懼的情景

對所懼怕的景物，要敢於去碰它、接觸它，對那些景物習慣了，知道它「不過如此」，也就不怕了。如許多人開始時怕在台上發言，後來硬著頭皮去講，受到大家鼓勵，以後上台發言就不會忐忑不安了，表情動作也就自然多了。

五、丟掉你的藉口

恐懼的周圍一定環繞著「但是」、「如果」、「或許」、「恐懼」、「不可能」諸如此類懦夫的藉口，只要你的身上還存在這種詞，你就一定不可能全力發揮出你勇氣。把這些藉口從你身上趕走，你會發現很多恐懼都是你想像出來的。

考試焦慮症

▶▶▶**焦慮是人的一種內在的持續的緊張不安狀態。壓力會使人產生焦慮。而考試對於青少年來說，無疑是一個不小的壓力。**

現在考試已經成為選拔人才的重要的方法，面臨強大的競爭壓力，再加上青少年的思維還不成熟，不能理智地分析問題。不少考生在考前都出現了考試焦慮症。

患有考試焦慮症的學生往往表現為上課心不在焉，十分焦急自己馬上面臨考試卻什麼都記不住，坐立不安，總覺得自己的每一個動作都是在浪費時間，真正看書的時候又看不下去，從而煩躁不安。

患上考試焦慮症的學生不僅在平時學習效率下降，考試時也會高度緊張，造成水準無法發揮，致使考試失敗，會引起一系列的生理和心理反應，生理反應通常伴有頭痛、緊張、發抖、呼吸困難、胃痛，嚴重的會有心悸、嘔吐、腹瀉、四肢乏力、手腳麻木等。有些學生的考試焦慮是一時性的，大多在考試前出現，有些卻是經常性的，對學生的危害更大。不僅影響到了學生的學習能力，而且影響到了學生的身心健康。

如何治療考試焦慮症？

一、認清考試焦慮症出現的原因

有考試焦慮症的學生往往都是擔心自己考試失敗。這些學生都是對考試的意義估價過高，過分看重考試成績，在這種情況下，家長要注意及時地疏導，更不要再給學生壓力了，有研究顯示，壓力與學習效果間要有一個適當的比例，家長要找到對於自己的孩子適度的壓力

對於考生來說，不要對自己的期望過高，目標要定的切合實際，越高越緊張，最後連自己的實際情況都達不到。而且要對自己有信心，不要懷疑自己的能力，（當然自信來自於平時的努力，盲目自信同樣不可取）告訴自己考試成績只要能夠反映自己的真實水準就好了。

還有一些考生有過一些消極的體驗，比如偶爾一次考試沒有發揮好，就使得自己的心理有了障礙。這種情況下，想辦法給自己放寬心態，告訴自己「任何人都有可能會失敗」

「一次的失敗也算是一種人生經歷，如果都是圓滿的也沒有什麼意思啦，哈，我的學生生涯沒有缺憾了」……

二、焦點轉移

在考試期間，不要把一切精力過於集中在備考這個「焦點」上，這樣容易增大心理壓力。考生可以透過其他有意義的活動或與人交往，進行焦點轉移，讓精神得到放鬆。比如，去散散步，聽聽音樂，找到自己喜歡的方式在愉快的氣氛中使精神得到鬆弛。

三、用想像訓練應對考試焦慮症

想像訓練的重點是透過在想像中對使自己感到緊張、焦慮的情景進行預演，加強自己的積極心態，抑制自己的消極想法。成功的想像訓練，可以幫助學生充分自如地發揮自己的水準，達到最佳狀態。

想像訓練一般進行二十~三十分鐘即可，不要過長。在進行想像訓練的時候，讓自己完全放鬆。然後想像一下自己馬上就要進行考試了，按照順序進行：進入考場——進入座位——做好準備工作——監考人員宣佈注意事項——發卷——領卷——做題（在這一過程中，默記自己復習好的內容綱要，包括公式、定理、定律還有一些典型習題的解題思路等等）。

如果發現自己出現了緊張，就停止想像，重新放鬆，當完全放鬆後，再次想像剛才的情景，重複幾次，直到自己不再緊張。然後想像自己考試獲得成功的興奮心情和考試結束後的放鬆心理，體會成功的感覺。

四、做做考場快速「放鬆操」

進入考場後，誰都免不了會緊張。這個時候，可以做一做考場的「放鬆操」，時間只要三十秒鐘：

第一步，身體自然坐正，靠在椅背上，閉上眼睛。

第二步，深呼吸，這時要放鬆，把手臂懸於體側，感覺血流的溫熱進入雙手，緩慢、平靜地呼氣，對自己說「放鬆」，想像著「緊張」也隨著呼氣排了出去。

第三步，稍微變換一下身體的位置，以便使血液充足地流到全身各部。

第四步，舒展雙臂、雙腿和腰背。

第五步，再做一次深沉而緩慢的深呼吸，並在呼氣時默念「放鬆」，然後開始答題。

答題的過程中，要告訴自己不會做的先繞過去，回頭再看，把自己答完的看完了，還是不會做，也不要緊張，對於這個題目會多少答多少，也會有步驟分的。

讓自己平靜下來的方法

人之所以有太多的煩惱，就在於把很多東西看得很重，如錢、如事業、如名聲。尤其是現代的緊張生活，更容易讓人走進焦慮的陷阱。要都追求內心的平靜和安寧，就必須放下很多不必要的東西。

有一位作家說過：「如果我們感到可憐，很可能會一直感到可憐。」生活中有太多不確定的因素，你隨時可能會被突如其來的變化擾亂心情，培養一些讓心平靜愉悅的習慣，隨時能幫助你擺脫焦慮：

一、留出空白

嘗試讓自己有一小段的空白時間，不要讓自己一直處於忙碌狀態，一天二十四小時集中精神對你的健康是很不利的。將你的注意力從任何煩惱事情中轉移，好好沉靜一下，或者發呆，整理一下雜亂的思維，想像一些寧靜、放鬆的景象：可以是真實的，曾經去過的讓你覺得安全和鬆弛的地方，也可以是你想像出來的寧靜、安全和放鬆的景象。比如，你想像自己走在兩旁都是樹的山路上，可以把注意力放在鳥兒歌唱上，陽光從樹枝間照下來，松樹的香味、濃綠的樹林、陣陣的微風輕拂在你的臉上。總之，選擇一個讓自己放鬆的情景盡情想像。

二、增加自信

大部分時候你感到焦慮不安都是因爲你缺乏自信，一些對自己沒有自信的人，對自己完成工作和應付事物的能力是懷疑的，誇大自己失敗的可能性，從而憂慮、緊張。相信自己，每增加一次自信，你的焦慮緊張程度就會降低一點。

三、不要逃避

焦慮緊張的第一反應就是逃避。當逃避某種困難的情境時，起初我們會體驗到焦慮降低，但與期望相反的是，我們逃避困難情境的現象越多，以後在面對這些情境時，我們的焦慮感、緊張感就會越重，心情越無法平靜下來。只有學會去面對和應付令人焦慮的情境，才能有效地消除焦慮。

四、分散注意力

當你感到焦慮時，分散注意力會有所幫助。當你專心於其他的思維活動時，會減輕或消除你的焦慮症狀。比如，如果你在乘坐飛機時感到焦慮，可以把注意力轉移到天空和雲彩上。仔細觀察每一朵雲彩的紋理，試圖從雲彩裡找出圖像來排遣自己。當你專心於天空和雲彩時，時間很快就過去了。

五、放縱一下自己

在週末的清晨，不要想著早早起來收拾房間，打掃衛生，做一個美美的白日夢。不要自責，而應鼓勵自己說：「我工作那麼辛苦，揮霍一下自己的休息時間，無可厚非。」縱容一下你的心、身體及精神，讓自己從混亂中離開。將自己關在浴室，在浴缸裡泡個澡。泡沫浴是你得到平靜的入場券。

六、這些食品可以幫你改善心情

研究顯示，某些特定的食品能影響大腦中某些化學物質的產生，從而改善人們的心情。

★全麥麵包

食物中的色氨酸能提高大腦中五羥色胺的水準，使人產生愉悅的感覺。而全麥麵包能幫助色氨酸的吸收。在吃富含蛋白質的肉類、乳酪等食品之前，先吃幾片全麥麵包，可以保

證色氨酸能進入大腦，而不至於被其他氨基酸擠掉。

★咖啡

早上喝一杯咖啡確有提神醒腦的作用。咖啡因能使血壓暫時性略有升高，並阻斷使我們感到瞌睡的化學物質傳遞。但每天喝三杯以上可能反而會使人煩躁、易怒。

★水

每天應喝足夠的水，防止因缺水而感到萎靡不振。不能用咖啡或其他含咖啡因的飲料代替。

★香蕉

緊張與鎂缺乏密切相關，所以忙碌的人在食譜中應補充富含鎂的食品，例如香蕉。

★橙和葡萄

每天一百五十毫克劑量的維生素C（約兩顆橙）就可以使緊張、易怒、憂鬱的不良情緒得到改善。

★巧克力

許多女生，尤其是受到不良情緒困擾時，特別想吃巧克力。因爲巧克力具有鎮定作用。

向人傾訴的方法

不論是什麼情緒來影響到了你，找人傾訴都是一個很好的方法，面對焦慮，如果能將自己焦慮什麼傾訴出來，會感到自己的焦慮漸漸地減輕了，在傾訴的過程中，甚至會完全消失。

鄒女士總是處在焦慮中，經濟危機，公司可能要裁員，也不知道會不會落到自己的頭上；自己的兒子要高考了，能不能發揮正常，會不會考上我們都滿意的學校……，一天到晚都是忙，鄒女士也不知道跟誰說自己心裡的焦慮，丈夫也是天天在忙工作，自己也不想再增加他的心理負擔。鄒女士覺得自己快要喘不過氣了，她急需要跟一個人說一下自己的感覺，於是就找到了一家心理診所，經過和那裡的醫師的敍述，得到了開導。鄒女士覺得心裡輕鬆了很多。

傾訴是爲自己的情緒找了一個宣洩出口，傾訴也是一種廉價、實效的內科疾病的預防方法，透過跟人傾訴，哪怕是自言自語，都會使自己放鬆下來。英國權威心理學家柯利切爾就極力推崇人們進行自我傾訴內心苦悶的方法。他指出，這種做法可以防治內科各種疾病，尤其是心血管疾病和腫瘤的良藥。他著重從心理治療的角度出發，對此進行了合理的解釋。他認爲積儲在人們心理的煩悶就像一種能量，若不釋放出來，就會像感情上的定時炸彈一樣，埋伏在心間，一旦觸發就可能釀成大禍，但是如果能及時地用傾訴或自我傾訴的辦法取得內心的感情和外界刺激的平衡，就會免除疾病，有助於健康。

曾經有一位老人，一生辛苦，二十歲守寡，含辛茹苦將兒子撫養成人，老人在將滿八十歲的時候兒子卻突遇車禍死亡。老人驚聞不幸，並沒有嚎啕大哭，反而沉靜地安慰過度悲傷的兒媳。人們都爲老人過分的節哀而擔心，甚至背地裡爲她準備了後事。然而一晃又是三年，老人仍然十分健壯。原因何在？原來，老人在兒媳、孫子、鄰居上班後，常常關門閉戶，獨自在兒子的遺像前，或放聲自言自語，或者低聲嗚咽。就是這種傾訴使得老人能夠保持了健康。

那麼，你會傾訴嗎？有人說傾訴，就是說話，是那樣簡單嗎？當然不是。

要想讓傾訴能夠取得預想的效果，也有很多注意的事項。首先，找一個或幾個自己信得過的或者能給自己提供幫助的人作爲被傾訴的對象，然後，找出自己的思路，想想怎樣開始傾訴，條理是什麼，防止傾聽者把握不住你的節奏，不知道如何幫助你。最後，找一個安靜的、讓自己放鬆的地方，開始傾訴，這樣有助於自己能夠更好地傾訴。當然，如果你實在找不到可以傾訴的人，也可以採用寫日記的方式，或者去專門的心理治療診所。

合適的人選＋合適的地點＋合適的方式＝完美的傾訴。

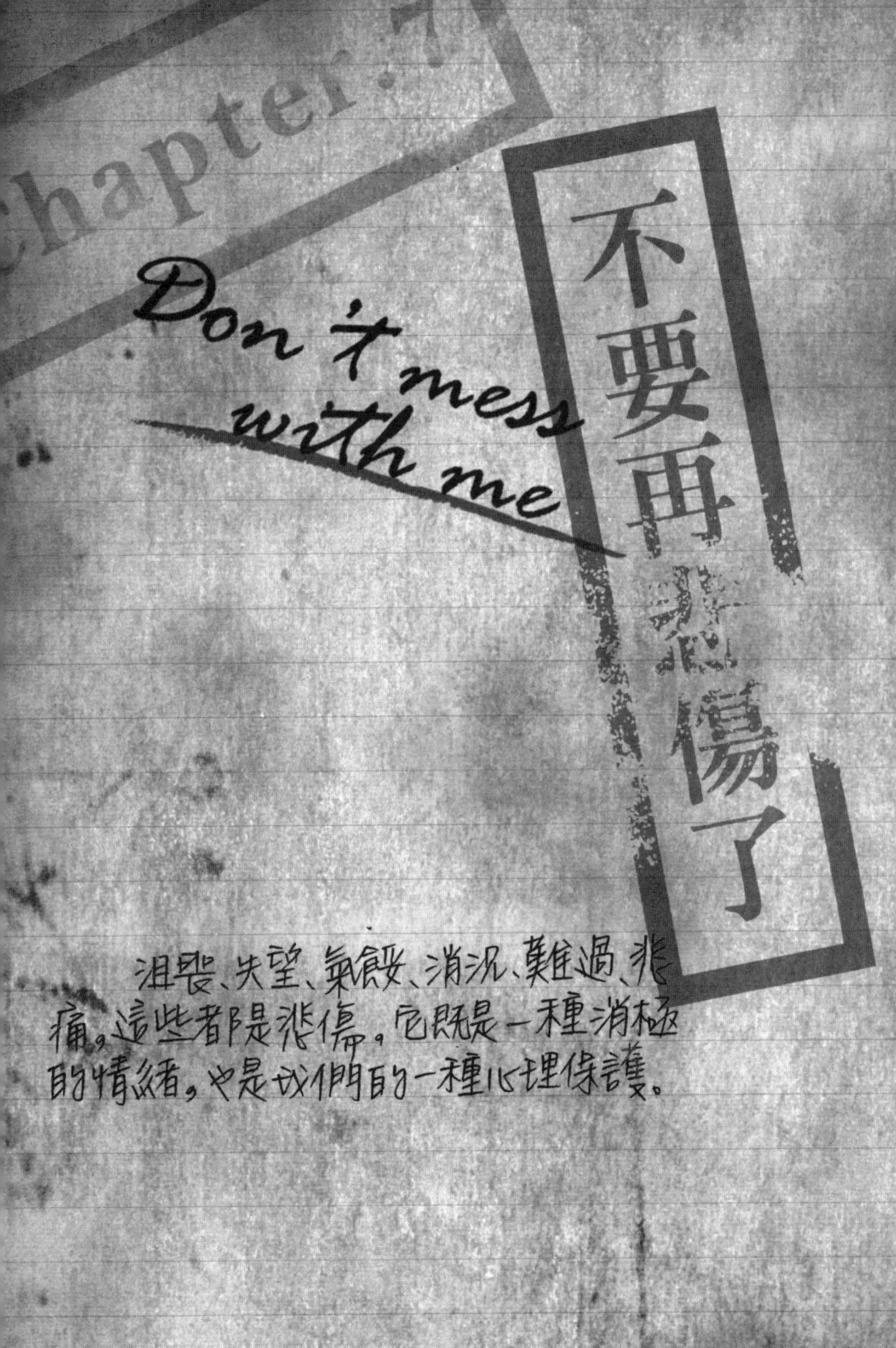

Chapter.7
不要再悲傷了
Don't mess with me
沮喪、失望、氣餒、消沉、難過、悲痛，這些都是悲傷，它既是一種消極的情緒，也是我們的一種心理保護。

讓生活不再空虛

「空虛」是現代人常掛在嘴邊的一個詞，經常會聽到一些人說「真無聊」，雖然有的時候工作、學習都很緊張，但依然感到生活空虛無聊，內心十分寂寞。

小毛是個剛剛畢業進入公司的職員，雖然每天忙碌地工作、生活，可是總覺得心裡好像有點不對勁，似乎不知道爲什麼工作、爲什麼生活，常常有一種很空虛的感覺，對任何人和事情一點熱情也沒有，感覺什麼都無聊，什麼都沒意思。這種情緒讓小毛整天百般無聊、寂寞懶散，卻又不知該怎麼辦。

小毛的生活是很多當代年輕人的一個寫照，那人們爲什麼會產生空虛的感覺呢？

空虛的人生活都比較比較單調，當然也會有很忙的時候，人在忙碌中可能不會有什麼感覺，可是一旦你停下來的時候就會感到無事可做，生活失去了自己的位置；進入一個新的

環境，沒有及時地被人接受，就會產生無所依託的感覺；生活並不像自己所想像的那麼詩情畫意，感到沒有希望，這些時候，空虛都可能會乘虛而入。

你對目前的生活滿足嗎？你是否感到空虛呢？用「是」（1分）或者「否」（0分）回答下面的問題：

一、不大和友人交往

二、沒什麼特殊的愛好

三、經常與其他家庭成員發生口角

四、對工作（學習）感覺很痛苦

五、對將來並不怎麼樂觀

六、無論做什麼都不值得高興

七、不大希望受到別人的重視

八、雖然生活不錯，卻不大快活。

九、常常想改變目前的工作

十、認爲各方面有很多不如意的地方

如果「是」的次數在7分以上，說明你對生活和工作多有不滿，難以感覺到生活的樂趣；4～6分，說明你對現狀比較滿意，生活態度比較樂觀；3分以下，說明你感到很充實，對生活充滿熱情。

爲什麼人會空虛呢？答案可能會有很多：沒事幹了；欲望得不到滿足；找不到目標了；沒人在身邊，感到很孤單；對生活沒信心等等。現代社會的高速發展，也使得人們的空虛比以往表現在了更多的方面：

一、沉迷網路

不知什麼時候開始，網路已經成爲我們生活的一部分，甚至主宰著我們的生活。除了每天的工作和休息，幾乎所有的時間都沉迷於網路的世界裡。網路的存在讓人更方便地吸收各類新聞資訊，看到更多我們聞所未聞的世界，玩線上遊戲，虛擬的世界讓人們把對現實的不滿和緊張生活所產生的壓力，都在網路世界裡得到發洩。

但是過多的沉迷於網路中，錯過吃飯睡眠的時間，無視工作和正常的生活，導致生活一團糟，作息時間一片混亂。因爲空虛而迷戀網路，因爲沉迷網路而更加空虛。

二、精神被物質所奴役

無論是物質生活貧乏還是富有，只要能使當事人心理感到空虛，精神受到折磨，這就是精神被物質所奴役了。家無隔頓糧的貧民，自然是愉快不起來的。他們看著甚至只是想像有錢人的大吃大喝，心中自然十分難過；與此相反，生活富裕而精神生活貧困、道德低劣的人，其內心同樣十分空虛，同樣可能存在著心理危機。

三、愛動物勝過一切

部分人養寵物是出於喜愛，但也有人是因爲精神空虛，以動物爲生活的中心，一切活動圍繞動物而進行，爲此耗費大量時間和金錢。

四、生活沒有目標

整日無所事事，不思追求，生活沒有目標，當然也不會有奮鬥的樂趣和成功的喜悅。生活無聊和心靈空虛，就會感到寂寞難忍。於是，爲了擺脫這種心理上的饑餓，就有可能因尋求刺激而去抽菸、喝酒、賭博、鬧事，以此來排遣時間。「混日子」成爲這種生活寫照，得過且過，不求有功但求無過，做一天和尚撞一天鐘，把責任推給別人，自己則老等著「天上掉下來餡餅」。

五、否定一切

青年人的叛逆、見異思遷、冷淡等心理，讓他們不但否定了外在世界，也否定了自己，懷疑一切，否定一切，行爲上自然是「虛無主義」。

從心理學的角度看，空虛是一種消極情緒。被空虛所乘機侵襲的人，無一例外地是那些對理想和前途失去信心，對生命的意義沒有正確認識的人。他們或是消極失望，以冷漠的態度對待生活，或是毫無朝氣，遇人遇事便搖頭。爲了擺脫空虛，他們或抽菸喝酒，打架鬥毆，或無目的地遊蕩、閒逛，之後卻仍是一片茫然，無謂地消磨了大好時光。空虛帶給人的，只有百害而無一利。

確定自己的目標

人生如果沒有了目標，就好像船在航行的過程中沒有燈塔一樣，看不到前方所在。每個人都應該是有目標的，並不斷地為生活的目標而奮鬥，有了目標，就有了奮鬥的方向，就有了動力，就有了精神追求，「空虛」就會被扼殺在搖籃裡。

目標對於人們這樣的重要，但是在現實生活中，人們往往在「目標」這個問題上感到束手無策，怎樣確定目標呢？

確定目標的方法

一、訂立目標過程中容易犯的錯誤

雖然目標能爲生活指明方向，但是人們在制定目標的過程中卻容易犯幾種錯誤：

★目標過於籠統，實施起來不知該怎樣進行。

★目標過多，不僅花費你有限的時間，還使得你不知道自己的主要目標是什麼。

★目標與目標相互抵觸。

努力了很久，才發現自己爲之奮鬥的目標並非真的是自己的目標。

★對訂立目標有恐懼心理，根源在於害怕失敗。

這些都是人們經常犯的錯誤，要特別注意。

二、訂立目標的步驟

第一步，列出目標。

把你今後十年想要從生活中獲取的東西寫下來，不管是現實的還是不現實的，包括你曾經的夢想，可以按照工作、家庭生活及休閒等方向分別列出一覽表。當你書寫的時候，你的思維也要跟著動，讓你的目標在你的記憶中產生不可磨滅的印象。而且在此過程中，也要想想自己真正想要的是什麼，只有自己才最清楚。

第二部，檢查目標的可實施性。

檢查列出的目標，看看有無禁忌的或者根本無法實現的，或者成本（物質成本和精神成本都包括在內）過高的，目標一定要能夠實施，也可以適當地提高一點，人們往往向著高目標努力的時候會達到一個相對低一點的目標，但是要把握程度，過高就會有一種力不從心的感覺，使得自己感到疲憊。

第三步，預期目標實現的時限。

你希望何時實現你的目標呢？六個月？一年？兩年？五年？十年？還是二十年？目標的時限是非常重要的，如果你的目標多半是近程的，那麼可以再看看有沒有遠期的，把它也羅列出來，找出潛在的目標；如果你的目標多爲遠期的，那麼就找一些階段性的目標，「千里之行始於足下」，過於遙遠的目標實現起來容易讓人在中途產生放棄的念頭。

第四步，確定主要目標。

將上述篩選過的目標進行排列，選出你最願意投入的、最令你雀躍欲試的、最能令你滿足的事情（不一定非得是一件，也可以是二到四件，但最多最好不要超過四件，防止自己時間不夠）。在這一過程中，可以明確地、扼要地、肯定地寫下你實現它們的真正理由，告訴自己能實現目標的把握和它們對你的重要性。

第五步，寫出行動計劃。

勾勒出實現每一目標的步驟圖。比如說打算進修自己，其行動計劃可以擬訂爲：

★尋找適合自己的課程。

★尋找適合自己時間的學校。

★購買自己所需要的課本。

★留出自己的時間。

在做計劃的同時，列出自己所擁有的資源清單，裡面包括自己的個性、朋友、財物、教育背景、時限、能力以及其他相關的東西，並且越詳細越好。

第六步，確認可能遇到的困難。

判斷什麼會妨礙你的目標，並且提前想好解決的方法。

第七步，回顧過去，總結經驗。

回想一下過去自己做事勤奮成功的經驗，看看對現在的目標有沒有可以借鑑的地方

訂立好了自己的目標，就要開始實施了，當然，在實施的過程中，也要對照著自己的目標經常地進行自省，或者做出適當地調整。

三、實現目標的注意事項

在訂立目標的時候，切忌好高騖遠，不切實際。要循序漸進地進行，不可急躁，要知道「羅馬不是一天造成的」。好好地計劃每一天的生活，從早晨醒來到晚上休息，都有一個規劃，所有的行動都是與結果連結的。

另外，爲自己設計一個良好的環境，完成目標的過程可能是比較艱辛的，這個時候可

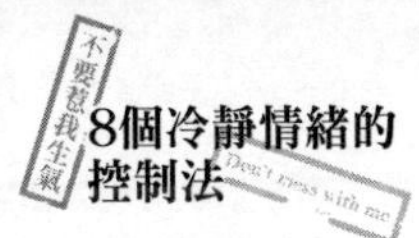

以從周圍的朋友或名人當中找出幾位你目標領域中有傑出成就的人，當你在行動過程中，多想想他們，也可以爲自己提供一些建議。也可以適當地給自己一些獎勵，考慮一下自己確實想要的東西，承諾自己實現了就來獎勵自己，這樣使得通往目標的路多了一些趣味。

Don't mess with me

不要越忙越空虛

受到不良社會風氣的影響，人們喪失了正確的人生觀和價值觀，「有錢就幸福」「想要發大財」……，但有錢真的會幸福嗎？

Vivian出生在普通的家庭，從小就知道自己要奮鬥才能換得想要的東西。大學畢業後，她如願以償進入了一家外商公司，從學生時代的清閒一下子進入到了異常忙碌的狀態，她覺得自己就像是天天繃緊了發條，二十四小時工作都還嫌不夠。她拼命地努力工作，想要在眾人之中脫穎而出，連生病都不敢請假，她總是跟自己說「等升職以後決不讓自己這樣累了」。

皇天不負苦心人，她坐上了部門主管的位子，可是好像更加忙碌了，天天都是開不完的會，要防止下面的人奪走自己的位子，還要應付老闆，而且老闆似乎想要繼續栽培她，有意讓她去分公司當經理，這讓Vivian覺得是一個很好的機會，她也就更加勤奮的工作。

但是，每天工作結束後，她都覺得自己的心裡空空的，不知道自己這樣做到底是爲了什麼，賺錢嗎？錢是很多了，可是自己連消費它們的時間都沒有。升職？升上去又能怎麼樣，要勾心鬥角一輩子嗎？讓別人羨慕？看看自己因爲忙碌而生出的皺紋，到現在連談戀愛的時間都沒有，這有什麼值得羨慕的。她已經記不起來自己上次休假是什麼時候了，也想不起自己還有沒有可以交心的朋友。她不禁納悶：「爲什麼都說越忙越充實，而我卻越忙越空虛呢？」

現在很多人都會有像Vivian那樣的感覺，每天忙忙碌碌從早到晚，時間上看似安排的十分緊湊充實，但是心中卻是非常空虛失落的。工作將生活變得緊張卻單調，每天都在做著重複的事情，許多人還不明白問題到底是出在了哪裡。

其實這是由於沒有精神生活所造成的，精神世界一片空白，沒有信念，沒有寄託，百般無聊，嚴重的好像行屍走肉。之所以會這樣，錯誤的人生觀、價值觀是一個主要的原因。

一位富豪曾向一位心理諮詢專家傾訴：「我現在覺得活得沒什麼意思，什麼都提不起興趣，什麼事都不想做，可是又不得不做。天天有機會在眼前，天天有賺不完的錢。可是有錢了，吃好、穿好、喝好、用好的，剛開始覺得還有成就感，可是漸漸地也就麻木了，我認識很多生意人，白天拼命地工作，晚上拼命地消費，好像在補償自己的辛苦一樣，可是大家也都抱怨說沒什麼意思，現在真是錢包鼓了，心卻空了。」

從這位富豪的傾訴中可以看到，一味地追求物欲的生活，而缺乏精神上的追求，就不可能活得充實的，這就是「精神空虛」。

讓自己精神充實的方法

一、樹立正確的人生觀和價值觀

看一些名人的傳記，向他們學習，看看他們的青少年時代是如何度過的，從而對前途與理想有一個正確的認識，樹立崇高的人生觀和價值觀。

經常反省自己「我這樣忙碌到底是爲了什麼？」「我所謂的理想真的對我那樣重要嗎？」「我現在得到的和我失去的哪個更多一些？」，從中找到自己的錯誤。

二、空出時間來讓自己休息

看看周圍的人，很多年齡不大就早早的去世了，這與過分忙碌不無關係。找個時間讓自己輕鬆一下，去度假，或者安靜地在家裡看看書。

三、做一些自己原來想做的事情

想想自己在沒有工作之前都想幹什麼，然後抽出時間去做。比如說「想環遊世界」，

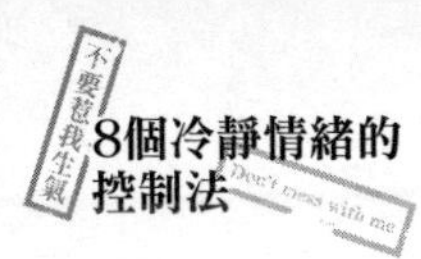

那麼也許現在不太可能實現，但是最起碼可以每年找個時間去一個地方旅遊；再比如說「想成爲作家」，那麼也可以在工作之餘拿起筆來試試，這並不難，只要推掉幾個應酬就可以了。

四、給自己的腦子注入點新東西

找一些新鮮的事物，讓自己興奮起來。打破公式化的生活，可以突破一下自己，比如去攀岩。時刻學習一些新的知識，豐富自己的頭腦。經常進行思考，人不思考就沒有進步和成長的可能，沒有時間思考同樣會變得遲鈍和愚昧。

培養樂觀的心態

很多時候，打倒你的並不是困難本身，而是你面對困難時所抱持的悲觀態度。

當前社會上，因爲對生活悲觀失望而自殺的人特別多，關於這類的報導每天都有。心理障礙、生理疾病、學習和就業壓力、感情挫折、經濟壓力、家庭變故等等，這些因素是造成自殺的主要原因，但是追根究底，自殺還是由於心理抗壓能力差，沒有積極樂觀的心態。樂觀的人是不會有自殺的念頭的，他們想到的是讓生命的每一天都快樂、有意義。

在沙漠裡行走的人非常口渴，好不容易找到了半杯水，樂觀的人說「我終於找到水了！雖然眼下只有半杯水，但千里行始於足，我一定還能找到更多的水」，於是樂觀的人走出了沙漠；悲觀的人說「怎麼就只有這半杯水？就這半杯水有什麼用？」一氣之下，不小心卻碰倒了水杯，直到渴死他也沒能走出沙漠。

這是一個非常古老的故事，但是卻生動的告訴我們樂觀者和悲觀者的不同結局。悲觀的人認爲「爲什麼只有半杯水」，而樂觀的人卻認爲「好險還有半杯水呢！」當你遇到挫折、困難、失敗的時候，樂觀就成爲你走向光明的關鍵。

一、改變思考的重心

有個可以快樂起來的方法，那就是改變我們思考的重心試著去想想美好的事物。不是抱怨你的薪水太少，而是感激你擁有一份工作；不是期望你能去國外度假，而是想到你家附近也很好；不要爲自己不漂亮難過，而是想到你很健康；失敗之後想到，我知道這樣做行不通；遇到挫折想到，這是上天磨練我的機會。因爲你的抱怨除了讓自己傷心之外，什麼作用也沒有。

二、熱愛生活

人的生命只有一次，沒有重來的機會和可能，即使以百年計，也只不過三萬多天，這些時間還得除去幼兒期和睡眠的時間，真正享受生命的時間也只不過一萬多天，所以一個人的痛苦悲哀毫無價值，整天神經緊張、患得患失，還不如熱愛生活。在任何情況下還是想開些，順其自然，才能減少生活中的不滿和煩惱。

三、學會感恩

生活中需要感謝的事情和人有很多：父母、親戚、同事、朋友、陌生人，工作、學習、生活、娛樂等等，爲什麼不去愉快幽默地接受生活的一切饋贈呢，你感謝生活，人生就會對你微笑！

四、正確面對失敗

人生的道路上，一帆風順者少，曲折坎坷者多，成功是由無數次失敗構成的，正如美國通用電氣公司創始人沃特所說：「通向成功的路即：把你失敗的次數增加一倍。」失敗總會使人產生不愉快、沮喪，只有樂觀積極的心態，才是正確的選擇。

其一，做到堅韌不拔，不因挫折而放棄追求；

其二，改變脫離實際的「目標」；

其三，用「局部成功」來激勵自己；

其四，提高心理抗壓能力。

世界充滿了成功的機遇，也充滿了失敗的可能，若每次失敗之後都能有所「領悟」，把每一次失敗當作成功的前奏，那麼就能把消極變爲積極，把悲觀變爲樂觀。

五、幫助別人

當你遇到問題無法解決時，你不妨試著幫助別人解決問題。千萬不要因爲自己遇到麻煩而拒絕幫助別人。事實上，你在幫助他人解決問題的同時，你自己也正在洞察解決自己問題的方法，因爲靈感時常會在不經意間來臨。可以做一些簡單而善意的舉動來表達自己的關心。例如，你可以送給他人一本勵志的書籍，鼓勵他人樹立信心，追求美好的生活。在將快樂與信心帶給他人的同時，你自己也同樣可以從中獲得力量。

六、天總會晴的

不管發生什麼事，都要對自己說「不要緊」，不管雨下得多大、連續下幾天，總有晴天的時候，所以無論遇到什麼困難，都要以積極的心態去面對，堅信總有雨過天晴的時候。

七、樂觀不要過頭

保持積極樂觀的心態是必要的，但是不要樂觀過頭，那就成了極端樂觀。如果你認爲任何事情都會成功，壞的事情永遠不可能會發生，那麼你很有可能會做出錯誤的決定，而且別人也會很容易利用你的這一點。「做最壞的打算，做最好的期望」，一個理性的樂觀主義者，不管事情的好壞，他都會接受。

對付悲傷

人們都會悲傷，可能因為你失業，也可能因為親人去世，可能自己受到了挫折，也可能是因為生病……。悲傷是一種負面性的情緒，它會使人意志消沉、感到孤獨無依，悲傷通常包括五個階段：震驚、否認、憤怒、然後憂鬱、最後是接受。

有些人承認悲傷帶來的損失和康復的時間會比較長，對人來說悲傷是一種很痛苦的經歷，也不是那麼容易應付的。

對付悲傷的方法

一、找出悲傷的原因

只有找到了悲傷的原因，才能夠對待它來解決。

比如有人一到假日就會感到悲傷，而不是快樂，這個時候就要找到自己悲傷的原因：

★家人相隔千里，自己在異地打拼，「每逢佳節倍思親」。

★懷念已經去世的親人。

★手頭拮据，無法過個好假日，再看看周圍的人，深深地覺得自己的無奈。

★朋友很少，每到過節的時候，都是自己孤單度過。

★別人年節假日都是休息，自己卻有很多事情要處理，感到疲勞。

認識到了自己悲傷的原因，那麼可以針對這些原因進行一些行動：想念家人的，看看能不能安排休假（比如把年假放在這個時候）或者游說自己想念的人來到自己的身邊；不想假日獨處的，不要等待別人邀約，可以先邀請別人；手頭拮据的，可以提前存錢，到時候大花一筆讓自己開心一下；找人幫忙提前把工作做完……還有，如果假日心情不好，就不要再飲酒了，以免心情更加低落。

其他原因造成的悲傷也可以參照上述的方法，先找出原因後然後破解。

二、當悲傷來臨

當悲傷來臨的時候，採取一些積極的措施對付它：

★不要隱藏自己的情緒或爲悲傷感到難堪，誰都有可能悲傷，找個地方哭一下也是宣洩的方法。

★求助於朋友或家人，告訴他們自己悲傷的原因，取得他們的理解和支持。

★不要用喝酒、嗑藥來對付悲傷，這樣只會給自己造成更大的傷害。

★飲食要精心安排，睡眠和運動要充分，身體舒暢了心情也會好一些，而且這樣你才會有精力去抵抗悲傷給身體造成的傷害。

★不要獨自過生日、假日或其他有紀念意義的日子，孤獨感也會增加你的悲傷，讓自己融入到朋友當中去，大家一起也會沖淡悲傷的味道。

★切記在悲傷消逝之前，不要作重大的決定或改變，這時你的判斷力也是「悲傷」的，會受到影響。

★親人去世了，大家都很痛苦，但是去世的親人一定是希望你能夠開心地生活，把他們記在心裡就是對他們最好的紀念方式。

★如果你實在無法解決，覺得負擔太重影響到了工作、生活，去找專家諮詢。

其實，心態是對付悲傷最好的方法，而時間也是對付悲傷的良藥，當自己悲傷的時候，告訴自己「沒有過不去的傷痛」「我現在悲傷，可是過了一段時間我就會恢復過來了」。悲傷的感覺過去後，就要積極地投入到生活中，不要經常地回想自己曾經悲傷的原因，而讓自己心靈已經癒合的傷口又再重新撕開，使得悲傷反覆的出現。

別老盯著消極面

任何一件事都有消極和積極地兩個方面，如果只盯著其中消極的那一面，那就什麼事也做不成。

在我們的身邊總有許多消極的人和言論：當一個人勤奮工作時，有的人會說：做與不做都領一樣的薪水，何苦呢。於是那人想想也對，不再努力，還多了不快和牢騷，一旦別人有所成績時，又會惱怒嫉妒心理失去平衡；當一個人追求一個女孩時，有的人會說：追她的人太多，你的條件不行，於是那人專心打量自己的不足和缺陷，越想越自卑，乾脆放棄。當發現不如他的人牽上了意中人的手，更加痛苦不堪。

所以，做任何一件事要想成功，就應該拒絕消極：

一、把消極的東西都丟掉

事物永遠是陰陽共存，這就像錢幣，一正一反，怎麼看待完全取決於你的心態。積極的心態看到的永遠是事物好的一面，壞的事情也能變好，而消極的心態只看到不好的一面，好的事情也能變壞。這個世界上不是沒有陽光，而是因爲你總低著頭，不是沒有綠洲，是因爲你心中一片沙漠。

丟掉消極不僅自己要不說消極的話，不聽消極的話，還要儘量避免與消極的人交往，若是你的朋友都是消極的人，那麼最終你的樂觀也可能消失的。

二、不要被外界干擾

我們任何人的生活，都會有被外界干擾、爲旁人左右的時候。外來的因素總是起著積極或消極的作用。所以，作爲一個正常的人，在碰到生活的難題時，重要的是不管別人的心態如何，要有自己正確的立場，保持良好的心態，否則一不小心，原本能成功的事也會失敗的。

三、在「危險」中看到「機會」

任何一種危機，都既包含著危險，也蘊藏機會。就像偶爾感冒會喚醒一些沉睡的免疫力一樣，對於企業來講，都是一種機會。就像這次金融危機，對於某些撐下去的企業而言，這是一次在行業領域內進行重整改變的大好時機；對職場的人而言，也是一個冷靜頭腦、明

確自己目標的時刻。

四、過去不等於未來

也許我們之前經歷了痛苦和失望，但並不能說明這些就是你今後的全部。每個人都會遇到自己生活中不幸的環境和經歷，過去的事你沒辦法控制，也不能改變；但是在我們的生命中，也有很多東西是可以一點一點去控制，去改變的。一天或者一周的開始可能會比較糟糕不順利，但這並不意味著你有一個悲慘的結局，不要因爲開始不順利，就不自覺地自我應驗了更糟糕的結局。

五、不要過度擔心

如果你過度地考慮一個消極的想法，那麼你應當透過強迫你自己做一些完全不同的事來打斷那個過程，不要把精力集中在一些消極的事上，一些對你無用的事上。在這種時候，你的目的不是爲了解決問題的，而是爲了擔心而過分地擔心。做一些別的事情，比如看看書，聽一些音樂，去散散步，你就可以擺脫這種消極的思維。

用積極的心態改變世界

很多人感到悲傷，因為覺得自己是生活的失敗者，他們經常向人們講述一些故事，都是關於自己的悲劇。

「我從來就未曾真正有過一個奔向好前程的機會。我父親是一個酒鬼，我母親因爲忍受不了，在我很小的時候就離開了我」，「我是在貧民窟長大的，沒有機會接受教育，不像你們有錢人，當我們爲生存在拼命的時候你們卻可以無憂無慮地在教室裡學習」，「我機遇不好，本來那個職位是我的」，「我這個人生來就倒楣」等等。

事實上，這些人都是在說：「世界給了他們不公平的待遇。」他們是在責備自己的世界和狀況，責備他們的生活環境。其實，他們之所以得出這樣的結論，完全是因爲他們有一種不良的心態——消極。正是這種心態，才阻礙了他們的成功。

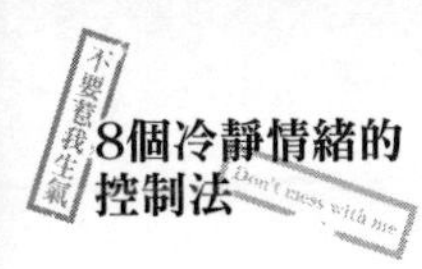

比爾·蓋茲認爲如果你以積極心態發揮你的思想，並且相信成功是你的權利的話，你的信心就會使你成就所有你所制定的明確的目標。你見過消極的人成功的嗎？只有積極心態的人才會成功。

一九四三年，不滿十五歲的李嘉誠因父親病逝，家裡一貧如洗，不得不輟學打工。由於抱著「我不要窮，我要賺錢」的積極心態，他在掃地當學徒、店員、跑街推銷的早年生涯中，努力學習和思考，不斷地開發著自己經商賺錢的潛能。

經歷七年打工奮鬥，二十二歲的李嘉誠放棄了打工職業，爲自己樹立了更積極成功的心態——一個宏偉的「我要」的目標：「我不做高級打工仔！我要創立自己的企業！」

打工的經歷啓發了青年前期的李嘉誠立身處世和經商的部分潛能，使他增強了信心。一九五〇年，他放棄一家塑膠企業總經理的位置，自己開辦了「長江塑膠廠」，成爲一個主宰自己命運的老闆。

積極的心態將使你成爲強者、勇敢者、勝利者、成功者、英雄！

培養積極心態的方法：

一、勇敢而大膽地信仰

這是一切成功的法則，沒有任何東西可以永遠阻攔它。信仰可以集中一切力量，不要遲疑，不要怯懦，不要猜測，要勇敢而大膽地相信這一切，勇敢就是勝利。大膽地給自己設想：「即使現在只是一名普通的士兵，早晚我也要成爲將軍，因爲，『不想當將軍的士兵不是好士兵』！」

二、像真正的成功者一樣思考和行動

兩位學者發現語言在腦子中呈電波的形式，並且相同的語言在每個人的腦子裡都呈相同的電波反應。有些突出的神情、語氣、舉止往往具有十分驚人的力量，像潛能學家金恩博士、總統羅斯福就都擁有這種能力。如果你能模仿他們獨特的生理狀態，你就能跟他們一樣啓動自己腦中最有力量的那一部分，使你能像他們一樣處理事情。

三、消除消極的思想。

有一個惡作劇，也許不是很好的一種遊戲，但是卻能爲我們證明一個道理。找三個朋友和一起找一個「試驗者」，接下來，安排你們四個人都能在同一個早上見到這位「犧牲品」，設法使他感到很難堪，很難受，好像很虛弱的樣子，對他說：「你今天看起來好蒼白啊！你一定是生病了。「你好像是得新流感了。」「你在發高燒嗎？」「你的樣子真可怕，趕快去醫院看看吧！」

你們要以很逼真的方式來說這些話，那麼那位「犧牲品」不久將會真的生起病來。這

就是消極的暗示對人的影響。相反，你去看病人，如果大家都跟他說氣色很好，他自己也會覺得自己氣色好，病也不那麼痛苦了，恢復的時間也會縮短。

一種思想如果進入心中，就會盤踞成長，如果那是一個消極的思想種子，就會長出消極的果實；積極的思想種子，就會長出積極的果實。在日常生活中，我們必須每日清除心裡的雜草。要常常懷抱樂觀，如果你光看自己生命中的灰暗面，強調各種可能的困難，那你就把自己置於消極的狀態中。

讓自己快樂的小竅門

很多人覺得生活毫無快樂可言，每天都是忙不完的事情。其實，對於現實生活來說，有許多方法可以使得自己快樂起來。

讓自己快樂的小竅門：

一、發現生活中有趣的事很多

每個人生活中都包含著各式各樣的經驗，有愉快幸福，也有辛酸悲痛。人們當然更願意選擇愉快的經驗，而願意逃避那些辛酸的情景。但是這並不代表著讓我們傷心的事情不會發生。如果我們能夠設法增加生活的情趣，將可使自己的生活充滿積極而愉快的經驗，這樣，即使偶爾遇到悲傷的事件，也不至於激起過於強烈的反抗情緒。

我們都知道著名的科學家霍金，他在輪椅上坐了三十多年，只有三個手指會動，又不能說話。在他的臥室裡，張貼著性感女神夢露的巨幅畫像，他也喜歡看「007」系列電影，更酷愛貓王的搖滾歌曲。曾經照顧他的護士都說，如果不是給自己尋找樂趣，經常保持良好的精神狀態，霍金絕對不是現在這個樣子。

其實快樂無處不在。

清代畫家高桐軒有「十樂」，即：耕耘之樂、把帚之樂、教子之樂、知足之樂、安居之樂、暢談之樂、漫步之樂、沐浴之樂、高臥之樂、曝背之樂。

你仔細地想一想，快樂並不是什麼奢侈品，快樂無處不在。

藝術家古賓斯做了一套長凳，放在花園裡，他寫道：「我坐在凳子上歇息，可嗅到新鋸木料和剛鋤過的草地的混合香味。梨樹上有隻畫眉在歌唱，一對金絲雀在鬱金香叢裡覓食，還有一隻黃蝴蝶翩翩飛過。看哪，多美好！」

在自己的生活中發現快樂。比如說「自己身體健康」是不是一樂？「孩子很聽話，不讓我操心」是不是一樂？甚至哪天突然下雨，別人沒有拿傘只能在辦公室裡等雨停，而你卻因爲有了傘在眾人羨慕的眼光中坐上回家的車，是不是一樂？

多發掘身邊開心的事情會讓自己的心情愉悅。

二、培養健康的嗜好

心理學家告訴我們「你應該有一種嗜好！」醫生告訴病人「你應該有一種嗜好！」嗜好使得我們的生活不再空虛，而且一旦滿足就會很開心。

培養那些健康的嗜好呢？要視自己的實際情況而定。有些人喜歡收集相片或郵票，有些人喜歡養動物，有些人嗜好彈鋼琴，有些人嗜好旅行……，不管哪種，只要能夠給你帶來快樂就可以。

三、感官愉悅帶來好心情

又聾又啞的殘疾人海倫・凱勒，曾寫過一本書叫做《假如給我三天光明》，表達了對於正常人各種感官體驗的渴望。

感官的體驗，與精神是分不開的。我們感到悲傷的時候，感官的愉悅會使我們忘卻精神上的煩惱，而得到放鬆。

最先的視覺。不同的顏色就會給我們不同的心情。紅色一般代表憤怒、興奮、嫉妒、焦慮；綠色代表自信、理想、優越、幻想；藍色代表平和……，所以當自己心情不好的時候，多看一些讓自己放鬆的顏色。或者也可以在房間裡裝飾一幅美麗的圖畫，每次看到，心情都會變得愉快。

音樂也是個讓人心情變好的好東西。它能讓人從煩惱中走出來，去接觸清新的心境，

給人以全新的視野，從而有了勇氣去接受落魄、委屈，化解悲傷。

德國音樂家梅亞貝爾有一次和妻子鬧衝突爭吵起來，他爲了使自己鎭靜下來，於是聽蕭邦送來的名曲《夜曲》，使得自己的心情完全平復，妻子也被優美的旋律吸引，就這樣一對發生爭吵的夫妻和好了。

忙碌的現代人，每天都能抽出點時間來欣賞一會兒音樂，可以讓自己的心情變得好起來。

環境對人而言，可以幫助人們營造良好的心境。

當你悲傷的時候，多去欣賞一些美麗的風景也可以使自己忘記憂傷。許多專家也都認爲與自然親近有助於心情愉快開朗。著名歌手弗・拉卡斯特說：「每當我心情沮喪、憂鬱時，我便去從事園林勞動，與那些花草樹木的接觸中，我的不快之感也煙消雲散了。」

不要惹我生氣

8個冷靜情緒的控制法

Don't mess with me

Chapter.8

不做情緒的奴隸

Don't mess with me

每個人都會有焦急、憤怒、激動、悲傷的情緒產生，但不同的是，有的人能控制自己的情緒發展，成為情緒的主人，而有的人卻被不良情緒強烈刺激，做了情緒的奴隸。

情緒需要自身調控

人不可能永遠處在好情緒之中，生活中既然有挫折、有煩惱，就會有消極的情緒。

一個心理成熟的人，不是沒有消極情緒的人，而是善於調節和控制自己情緒的人。那麼，如何善於調節和控制自己情緒呢？

一位心理學家在一艘船上做了這樣一次試驗，讓一些總感覺心浮氣躁的人到船尾去，面對波濤滾滾的海水，自己把心中一切的煩惱都拋到海水中，直到自己覺得心裡舒暢了爲止。試驗之後，參加的人員都說自己的心情真的得到了一次前所未有的清洗，心中的煩惱似乎就在那一瞬間消失了。是他們真的把煩惱都拋進海裡了嗎？當然不是，只不過是對著大海都發洩出來了，發洩完了，心情也就輕鬆了，煩惱隨之消失了。

在這個世界上，我們總是被我們各式各樣的負面情緒包圍著，我們沒有辦法完全擺脫

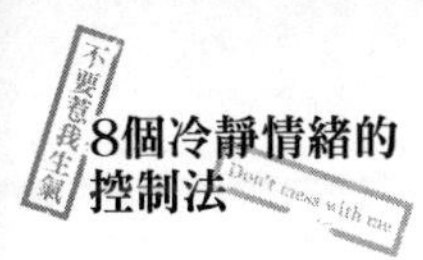

它，那麼就要學會控制它。

一、轉移注意力

當你有不良情緒的時候，不要一直把注意力集中到這上面，這樣做只會越來越糟，轉移你的注意力，做點別的事情。

(1)改變焦點

當情緒不好時，可以做一些自己平時感興趣的事，做一些自己感興趣的活動。透過遊戲、打球、下棋、聽音樂、看電影、讀報紙等正當而有意義的活動，使自己從消極情緒中解脫。另外，還可以轉移話題或回憶自己高興、幸福的事，使消極情緒轉移到積極情緒上去。

(2)改變環境

當自己情緒不理想時，到室外走一走，到風景優美的環境中玩一玩，會使人精神振奮，忘卻煩惱。把自己困在屋裡，不僅不利於消除不良情緒，而且可能加重不良情緒對你的危害。即便不走出去，如果能夠改變一下自己所處的環境，也可以使心理得到轉變。如收拾一下房間、改變一下格局、點綴一些花草，都不失為一種好辦法。

二、適當的發洩

我們在看電視和電影時經常注意到這樣的鏡頭：某人因有不良情緒，便跑到曠野、海邊、山上無拘無束的喊叫，或者拚命地擊打樹木，或者狂奔，這就是在合理的發洩情緒。

(1)適當的哭一場。

哭是解除緊張、煩惱、痛苦的好方法。許多人哭一場過後，痛苦、悲傷的心情就會減少許多。

(2)痛快地喊一回。

透過急促、強烈的、無拘無束的喊叫，將內心的積鬱發洩出來，也是一種方法，可以使人的心理達到平衡。

(3)進行劇烈的運動。

當一個人情緒低落時，往往不愛動，越不動注意力就越不易轉移，情緒就越低落，容易形成惡性循環，透過跑步、打球等體育活動都可以改變你的消極情緒。

(4)向他人傾訴。

「一份快樂，兩個人分享，就變成了兩份快樂；一個痛苦，兩個人承擔，就變成了半個痛苦。」把不愉快的事情隱藏在心中，會增加心理負擔。找人傾訴煩惱、訴說衷腸，不僅可以使自己的心情感到舒暢，而且還能得到別人的安慰、開導以及解決問題的方法

當然，發洩情緒不同於放縱自己的感情，不同於任性和胡鬧。

積極的自我暗示

自我暗示又可以成為自我肯定，人具有自我暗示和接受暗示的功能，而這種暗示有積極的也有消極的。

社會學家莫頓於一九八四年曾提出預言自動實現原則，認爲人們具有自動促使預言實現的傾向，這就是暗示心理起了很大的作用，很多人都有過類似的經歷，當你心煩失眠時，你若想「真煩人，又失眠了，明天肯定沒精神」，就會更加心煩意亂，越急越睡不著，相反，你若是對自己說：「平靜些，一定能睡好」，然後不要想著失眠的事情，可能很快就會身心放鬆，酣然入睡。另一例子就是「望梅止渴」這個成語，曹操就是靠著這種暗示將自己饑渴的士兵成功地領出了錯誤的道路，找到了水源。

許多科學的實驗證明，正面暗示能夠使我們成功，而負面的暗示則阻礙我們成功。所以我們選擇積極的自我暗示，也就是用積極的思想、語言不斷提示自己，克服悲觀、沮喪和恐懼。

美國的知名籃球教練伍登，曾經讓加州大學洛杉磯分校在十二年內贏得了十次全國總冠軍，被認爲美國有史以來最偉大的籃球教練之一。他的成功哲學就是：「正面而積極的自我暗示。」每晚睡覺前，伍登一定會告訴自己：「我今天表現得非常好，明天還要努力，表現得比今天更好。」他告訴自己的朋友「無論我快樂或悲傷，在我們所生活的世界，永遠是充滿無數機會的世界，這些機會，絕不會因爲我的快樂或悲傷而有所改變，所以只要不斷地運用積極的自我暗示，就能夠發現這個世界有著無限的可能，也因此而激發出內在的潛能來。」

如何進行積極的自我暗示呢？

一、語言的改變達到暗示的效果

在我們身邊，經常會聽到這樣一些話「我沒有辦法」、「這不可能」、「我不要成爲不受歡迎的人」……，這些人都是正陷於困境中。人們在困境中的時候，容易把思想放在那些無法控制或不想要的因素上，但是如果我們在思想上轉移到一些可以控制的因素上，結果就會好很多。

上面的語句「我沒有辦法」如果改爲「我要試著從一個新的角度看問題」、「我不要成爲不受歡迎的人」改爲「我要努力成爲受歡迎的人」、「這沒有可能」改爲「我要找一個方法」，結果就會好了很多。

所以在困境中，多說一些突破性的話，比如：

「我沒有錢」變成「我要增加收入」「我要想辦法節省一下」。

「我被公司辭退了」改爲「我要重新策劃事業方向」、「我會找到賞識我的地方」。

「我每次都失敗」改爲「我需要找到新的做法」、「我怎麼樣從那些經驗中學到教訓」。

「我能力達不到」改爲「我一定可以做到」、「我要怎樣才能做到」。

……

同樣在困境中，後面的話表明了說話的人決心排除障礙，並且要努力達到目標。

二、保持積極的心態

心態的好壞可以說是自我暗示的基礎，人生的方向在某種程度上可以說是由心態來決定的。積極的人生態度是成功的催化劑，相反，消極的人生態度最終也會使自己遭遇失敗。

在日常的生活中，要努力的培養自己積極的人生態度。人性有重視自我的特點，於是就有了誇大不幸的弱點。當出現不如意的時候，不要再過分地誇大它，還要在失意中肯定自己。人生這場戰爭是由兩個戰役組成，一是和世界鬥，二是和自己鬥，不斷戰勝自己是當代人的精神需求，要以心智來贏得世界，不管你多失落，只要相信自己，積極的自我暗示一定會把你從低谷中帶出來。

三、用預想的方式

這種方式可以分爲兩個方面：預想目標的實現和預想失意的痛苦。前者讓你堅定信念，後者可以鍛鍊你的免疫力。

預想目標的時候，也是確實地給自己制定一個目標，然後自我激勵去努力。Mary是一名設計師，每次遇到困難和動搖信心的時候，她都在頭腦裡拼命地預想目標的實現，她發現每次預想結束後自己的身上都充滿了力量。

預想失意的時候，要儘量想的慢，仔細品味每一個痛苦：老闆如何把你叫到辦公室，如何辭退你，同事們是帶著怎樣嘲諷的眼光等等，還有失業後，要是找不到工作怎麼辦……。Susan頭一次做的案子被老闆嫌的一無是處，她就進行了這種預想，在想像中，她似乎無路可走了，這個時候，她驚訝地發現自己的內心開始反抗，她不要這樣，她要樂觀的生活。從此以後，做什麼，她都習慣用積極地思路去思考問題。

學會接納自己的壞情緒

許多人都認為，控制和調節壞情緒就是對壞情緒進行強制壓抑，其實不然。壓抑並不能改變消極情緒，反而會使它們在內心深處沉積下來。

當壞情緒累積到一定程度時，往往會以破壞性的方式爆發出來，給自己和他人造成傷害。比如我們常會看到一些「好脾氣」的人，有時會突然發火，做出一些令人吃驚，或者讓他自己也後悔的事來，這往往就是平時壓抑的結果，另外，壓抑還會造成更深的內心衝突，導致心理疾病和精神障礙。

所以，對待壞情緒，我們要學會接納它：

一、先冷靜下來

有時候我們受到外界的刺激，一時衝動而發火，做出種種不理智的行為，這時候及時給予自己暗示和警告，如果當你感到怒氣正在上升時，應在心裡對自己說：克制，再克制！或者默默地從一數到十。往往只需幾秒鐘、幾十秒鐘，你的心情就能夠平靜下來，那時再去處理問題，就不會做出使自己後悔的事了。

二、正視壞情緒

不管是好情緒還是壞情緒，都是我們自身的反應。但是我們在面對的時候總是把它們對立起來。比如說，很多人會把自己想像成勇者，於是就不願接受自己的恐懼或不安全感；有些人由於覺得自己是個大方的人，而拒絕承認自己的嫉妒情緒。其實，人性裡本來就存在恐懼、不安全感以及嫉妒這些情緒，它們就像月亮和星星一樣，不會因爲你的否認而消失。

也許是因爲我們不喜歡某些壞情緒，只希望擁有好情緒，所以才採取了否定態度。但如果真的想保持心理健康的話，就必須勇敢而輕鬆地面對它們，越是有意識地抵抗自身情緒，它就越容易控制我們，而如果我們允許自己體驗那些負面情緒時，它們可能就會降低到了一個可以控制的層次。

一個接受自身情緒的人——嫉妒就是嫉妒，恐懼就是恐懼——會比不接受的人活得更加舒坦，他無需因爲恐懼而逃跑，也可以在嫉妒之下，依然愉悅地去幫助自己的朋友。

如果我們一味的抵制壞情緒，不允許自己讓這些感覺存在，也要付出很大的代價的。

內心的掙扎，只會削弱我們的精力，造成身心的更不和諧。

三、接受你的壞情緒

一百個當中至少有九十九人都會說快樂比憂鬱好。當然我們每個人都希望快樂，但是憂鬱真的有那麼可怕嗎？

一個人也不可能永遠積極向上、陽光樂觀，越是抗拒壞情緒，越想用強硬手段去除它，它就越可能成爲生活中的巨大陰影。如果你不去抗拒憂鬱，而是接納它，壞情緒一天有個幾次來回，來了自然會走。不要壓抑它，顯得你比它強；也不要給它增加養分嘴上老說「我多慘啊」，每次你這樣，壞情緒都會覺得「你說的真對，我是應該經常來。」

四、情緒就像是孩子

情緒很像一個小孩子：沒有只聽話、不調皮的孩子，也沒有不犯錯的孩子，一樣的道理，我們的情緒也不可能總是好的，而且，經常會有「調皮」的時候。一個能夠合理調整情緒的人，就像是一個優秀的家長，他愛孩子，懂孩子，會以正確的手段教育孩子，就算孩子調皮了，對待情緒也是一樣的，其實你的情緒最終如何，很大程度上取決於你這個家長做的好不好。

想像一下，你有一個淘氣的孩子，任性妄爲，完全不講道理，常常把你氣得半死；但是，你仍然愛他，不是嗎？那麼，對於你的情緒，也請你一定要接受它，即使它讓你不舒服了，你也要給予它寬容和愛。

如果一個孩子犯錯了，做父母的就不接納，暴跳如雷，不問青紅皂白就是一頓毒打，會出現什麼結果？孩子自卑、離家出走了，孩子出現心理疾病了，孩子犯錯誤也是一種成長。我們的情緒也一樣，如果我們出現了一點壞情緒，我們就是不接納它，內心排斥它，那麼它就會越變越壞，越變越糟糕。

每一種負面的情緒雖然都讓我們感覺不好，但都有不同的價值和意義。比如，痛苦能讓我們回到此時此地的現實之中；內疚能讓我們重新檢查自己的行爲目的；悲哀會讓我們重新評價目前的問題所在，並改變某些行爲；焦慮能引起我們的注意，多爲未來作準備；恐懼則能動員起全身，讓我們保持高度清醒。

克制情緒也要適度

我們的失敗往往是由於不能掌控自己的情緒造成的，如果我們能夠掌握自己的情緒，那麼就能夠掌握命運。

巴菲特說，他之所以能有今天的成就，是依靠了「自律」與「愚蠢」這兩樣東西：自己的自律和別人的愚蠢。

我們生活在這個世界中，要消除不良的情緒，還要克制一些情緒，比如說憤怒，我們無法在任何時候都爆發，即使可能自己確實受了委屈，因爲你的憤怒可能給你帶來不良的後果。

可是克制任何情緒都要適度，畢竟我們不是聖人，我們都只是平凡的人。如果總是將自己僞裝起來，從來不將自己的情緒宣洩出來，早晚會生病的，就好像是一座大水壩將所有的水路都攔住了，早晚水還是會把大壩沖毀。比如悲傷的宣洩，比如憂鬱的痛苦，比如焦慮的原因。

另外，一味地控制自己，也會讓別人覺得你沒有骨氣。比如說一個領導者，底下員工做錯了事，他從來不表現自己的憤怒，那麼底下員工肯定沒有人會害怕他的，他的指揮也就沒有人聽。

最好的做法就是，控制情緒，但是要視個人的情況不同，掌握好自己的分寸，能夠讓自己更好的生活。

適當地表現自己的情緒也是一種學問，以朋友約會遲到的例子來看，你之所以生氣可能是因爲他讓你擔心，在這種情況下，你可以婉轉的告訴他：「你過了約定的時間還沒到，我好擔心你在路上發生意外。」試著把「我好擔心」的感覺傳達給他，讓他瞭解他的遲到會帶給你什麼感受。什麼是不適當的表達呢？例如：你指責他：「每次約會都遲到，你爲什麼都不考慮我的感覺？」當你指責對方時，也會引起他負面的情緒，他會變成一隻刺蝟，忙著防禦外來的攻擊，沒有辦法站在你的立場爲你著想，他的反應可能是：「路上塞車嘛！有什麼辦法，你以爲我不想準時嗎？」如此一來，兩人開始吵架，別提什麼愉快的約會了。如何適當表達情緒是一門藝術，需要用心的體會、揣摩，更重要的是，要確實用在生活中。

TALENT Tool

大大的享受拓展視野的好選擇

永續圖書線上購物網
www.foreverbooks.com.tw

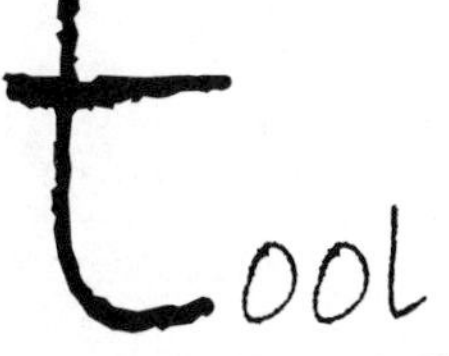

謝謝您購買 不要惹我生氣：8個冷靜情緒的控制法 這本書！

即日起，詳細填寫本卡各欄，對折免貼郵票寄回，我們每月將抽出一百名回函讀者寄出精美禮物，並享有生日當月購書優惠！

想知道更多更即時的消息，歡迎加入"永續圖書粉絲團"

您也可以利用以下傳真或是掃描圖檔寄回本公司信箱，謝謝。

傳真電話：（02）8647-3660　　信箱：yungjiuh@ms45.hinet.net

☺ 姓名：　　□男 □女　　□單身 □已婚

☺ 生日：　　□非會員　　□已是會員

☺ E-Mail：　　電話：（ ）

☺ 地址：

☺ 學歷：□高中及以下 □專科或大學 □研究所以上 □其他

☺ 職業：□學生 □資訊 □製造 □行銷 □服務 □金融
□傳播 □公教 □軍警 □自由 □家管 □其他

☺ 您購買此書的原因：□書名 □作者 □內容 □封面 □其他

☺ 您購買此書地點：　　金額：

☺ 建議改進：□內容 □封面 □版面設計 □其他

您的建議：

廣告回信
基隆郵局登記證
基隆廣字第57號

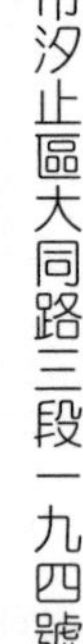

新北市汐止區大同路三段一九四號九樓之一

大拓文化事業有限公司收

請沿此虛線對折免貼郵票，以膠帶黏貼後寄回，謝謝！